ちくま新書

図書館の日本文化史

高山正也
Takayama Masaya

1682

図書館の日本文化史【目次】

はじめに　011
江戸時代までの「書籍の公共圏」／明治から戦後にかけての図書館政策／高度経済成長期以降の図書館と今後の課題／文化を創造し次世代に伝える図書館へ

第一章　古代――書記文化の誕生から和本の成立まで　021

1　言葉と文字――日本語と日本文明圏の出現　022
日本文化圏への文字の伝来／文字はいつから使われるようになったのか／漢字の活用――試行錯誤の中で／漢字から仮名へ――国風文化の確立と日本文明圏の出現

2　日本最古の図書館「芸亭」　032
仏教書・儒書の伝来／文字・書籍による学習の広まり／日本最古の「文の庫」――芸亭と石上宅嗣／芸亭に影響を受けた賀陽豊年、菅原道真および空海

3　和本の成立　040
国風文化の興隆と大陸の情勢／かな文字と女房文学の発展／王朝文学・国風文化のスポンサーとしての藤原道長／和本の誕生／藤原定家の貢献／漢文とかな――日本文化の二重構造

4　平安朝のふみくら　051
国・官の文倉／教育機関の文倉／寺院の文庫・経蔵／個人文庫／蔵書の保存／時代の変化に伴う文庫の変化

第二章　中世——武家文化における書籍公共圏　059

1　武家文庫と教養への目覚め　060
武家文化における出版とその集積としての武家文庫／武士階級の教養の高まり

2　鎌倉新仏教の発展と武家文化　065
鎌倉新仏教の武士・庶民階級への浸透／禅宗の伝来と発展／朱子学の到来／武家文化の興隆／高まる学問・文学への関心／軍記物の隆盛と歴史書

3　五山文化　078
五山文学と出版文化／寺院文庫の発達と学芸の普及／五山の出版から嵯峨本へ

4　武家社会における書籍公共圏——金沢文庫・足利学校　084
本朝書籍目録／金沢文庫／足利学校／地方への出版文化の波及——堺における出版業の出現

第三章　近世——出版文化の発展と教育改革　097

1　古活字版から整版印刷へ　098
出版業の発展と文化の興隆／書物問屋と地本問屋——三都の本屋／戯作文学の誕生／貸本屋・古本屋／古活字版の時代

2　江戸時代の教育と文化　107
武士階級の教育体制——幕府学問所と藩校／元禄文化／寺子屋と郷学／代表的な郷学／官許学問所としての懐徳堂／幕府学問所と各藩藩校・西洋医学教育機関等での教育と研究／天保の改革期における教育改革

3　江戸時代の文化サロン　122
木村蒹葭堂／蔦屋重三郎／塙保己一

4　紅葉山文庫と書物奉行　128
将軍のアーカイブス／青木文蔵敦書／近藤重蔵守重／高橋作左衛門景保

5　大名文庫・公開文庫　134
主な大名文庫／主な公開文庫／国学の誕生

第四章　幕末・明治・大正――書籍公共圏・近代的図書館の成立　145
1　幕末から明治へ　146
幕末・明治初期というひとつの流れ／活字印刷の台頭による本屋仲間の衰退／明治期における出版の変化
2　明治期の教育体制の確立・整備　154
明治黎明期における学校制度の整備／外国語書籍の移入とその受容／官民における教育機関の拡充
3　日本の科学技術力はいかにして向上したか　160
幕末の洋学の教育体制／諸藩および民間における洋学の教育／大学制度の確立・発展と岩倉使節団の功績／草創期の社会教育――博物館と図書館（書籍館）
4　近代西欧型図書館の紹介　169
福澤諭吉と「ビブリオテーキ」／書籍館と町田久成／書籍館開館と町田・田中論争／帝国図書館と田中稲城／「図書館」という語の確立／日本の図書館学と和田万吉／青年図書館員連盟と間宮不二雄

5　書籍公共圏の書誌調整――『古事類苑』の編纂と発行　184
書誌コントロール／『世界書誌』と『百科全書』／日本における百科事典刊行の動き／書誌データ編纂の動き――『群書類従』から『国書解題』、『国書総目録』へ

第五章　昭和・平成――紙からデジタルへの知的公共圏の発展　193

1　帝国図書館から国会図書館へ――昭和戦前期〜戦後の動向　194
松本館長の下での帝国図書館／文部省の読書運動と中田邦造／国立国会図書館の創設と帝国図書館の吸収／日本図書館協会／図書館職員養成所

2　国立国会図書館（NDL）ができるまで　203
国立国会図書館の設置と図書館法／国立国会図書館設立までの経緯

3　図書館に関係する占領政策　209
占領軍による日本弱体化計画／占領政策によってもたらされた言語空間／図書館員のキャリアの問題／図書館のあるべき姿とは

4　キーニー・プランとCIE図書館　223
米国型の公共図書館の導入とキーニー・プランならびに金曜会／CIE図書館がもたらしたもの

5　アメリカ型図書館の日本での浸透――福田なをみの影響と業績　230
福田なをみの生涯／占領軍図書館政策の日本側との橋渡し役として／国際文化会館図書室長としての働き
6　高度成長期の日本の図書館　241
CIE図書館と日本の専門図書館／ドクメンテーション（documentation）活動の普及
7　ジャパン・ライブラリー・スクール（JLS）　244
設立までの経緯／JLS設立とその後／JLS卒業生の活躍
8　図書館界を取り巻くさまざまな問題点　253
日本図書館協会の機能不全ならびに図問研と『中小レポート』／プロフェッショナルとしての司書と指定管理者制度／文部省の学術情報センター構想／NDLの日本全国書誌のその後の発展と「古典籍総合目録」
第六章　二一世紀の図書館を考える　263
1　記録文化の進化史　264

日本文化を発展させてきた記録文化／近現代の活字・印刷技術の革新
2 米国型図書館の功罪——占領期の図書館改革・再考 267
占領期から現代までの図書館の変化と課題／リベラル・デモクラシーの基盤としての公共図書館／パブリック・サービスの充実と重視／CIE情報センター（図書館）の影響——専門図書館のサービス改革への貢献
3 図書館のあるべき姿を求めて 277
無料貸本屋から「新しいライフスタイル実現の場」へ／PFIと指定管理者制度——自助・自律的な図書館のあり方／図書館空間の再検討と躍進——ライフスタイルの提案から自己確立の場へ／デジタル社会における図書館の意義／図書館は文化の礎、司書は知の伴走者
あとがき 289
主要参考文献 294
人名索引 i

はじめに

図書館とは何だろうか。「本を無料で貸してくれるところ」とお考えの読者もいらっしゃるだろうが、そうした貸出業務は図書館の機能のほんの一部に過ぎない。

本書では、さまざまな役割を担う図書館が、日本でいかにして現在の形に発展してきたのかを、文字や印刷・出版の総合的な文化史として描いてゆく。

古代から現代までの、図書館の文化史をひもといてゆく前に、ここで図書館についての筆者の考え方について説明しつつ、日本の図書館史の大まかな流れを説明しておきたい。

†江戸時代までの「書籍の公共圏」

日本に文字が伝来した古代から、デジタル技術の革新が進んだ現代まで、図書館はその時々の日本の文化の段階に即した形で発展してきた。

現在の図書館には本が数万〜数百万冊整理され、利用者に読まれるために配架されているが、図書館とは理念的には「本を公共的な圏域に存在させ、利用者（来館者）に自由にアクセスさせるところ」である。そして来館者と図書館の書庫とが「書籍《しょせき》の公共圏」を形作る。そして、図書館に足を運ぶ人々は、図書館の本の背後に著者たちがもたらした「知的情報空間」を見出しているのである。「知的情報空間」の共有は社会を進化させる原動力となるので、すべての人が自由に本にアクセスできることが望ましい。図書館はそれを実現した「書籍の公共圏」なのだ。

日本列島では、日本語という言語文化が十分に発達してから、漢字という文字が流入し、漢字かな交じりの日本語表記が成立したとされている。そのようにして日本語文化圏が日本文明圏として基盤を確立するなか、飛鳥《あすか》・奈良時代までに活字印刷が導入され、平安朝期までに宮廷貴族や僧侶を中心として書記文化ならびに「書籍の公共圏」が普及した。

この段階では、本は主に手書き原稿を書写する方式で作られていたが、鎌倉期に入ると識字率の向上とともに書記文化が武士階級にも広まり、寺院を中心として整版印刷が盛んとなる。この頃の「書籍の公共圏」としては金沢文庫や足利学校が知られる。

戦国末期から江戸時代初期にかけて農民・町民層の識字率が向上したこともあり、商業出版が出現する。それまでの出版は主なスポンサーであった寺院や官庁の下請けとして印刷・製本を行うのみであったが、商業出版は出版業者が自らの経営的判断により、確実に売れると思われる本を印刷・出版する。業者は売れ行きについて自らリスクを取り、大衆文化（ポップ・カルチャー）をも創り出すに至った。

江戸時代以降、出版業は仏教学・儒学など専門的な本（物《もの》の本）を出す本屋（書物問屋《しょもつどんや》）と物語や人形浄瑠璃《じょうるり》等の内容を文章化した草子類（草《くさ》の本）を出す本屋（地《じ》本問屋《ほんどんや》）に二分され、前者の刊行する本は主に文庫で収蔵・管理され、後者の刊行本は主に通俗的な本屋（書籍小売店）や貸本屋で取り扱われた。

日本の都市部では四民の初級教育の場として寺子屋《てらこや》や郷学《ごうがく》などが普及したことで、すべての階級の識字率が向上したため、江戸時代末の識字率は西欧の先進欧米諸国を上回っていたという。このように江戸時代には初級教育の場が整備されたという背景もあり、公共図書館的な制度はあまり発達しなかった。

†明治から戦後にかけての図書館政策

開国以降、日本には西欧の言語による数多くの書籍とともに、図書館の文化も入ってきた。明治から昭和戦前期にかけて英米型の公共図書館が導入され、そこでは「洋書」と「和書または和《わ》漢書《かんじょ》」が分けて排架・管理された。

ただ、大学などでは専門・研究図書館的な図書館が導入されたが、文部省傘下の唯一の国立図書館として明治後半に設立された帝国図書館は必ずしも充実した内容とは言えず、図書館学の研究体制、司書《ししょ》の養成体制も不十分であった。

明治以降、義務教育制度の普及・整備が急速に進む一方で大衆の社会教育体制の整備は昭和に至っても立ち遅れていた。明治以降、「物の本」系の本は学校等の図書室・図書館が文庫を引き継ぐかたちで管理し、「草の本」系の本は街の小規模な書籍小売店や貸本屋で取り扱われた。都市在住の新興知識階層は本屋で本を買うことが一般的で、公共図書館の存在感はさほど大きくなかった。

そうした日本の公共図書館を一変させたのが、米軍による日本占領政策であった。米国陸軍は一九世紀後半から戦地・占領地で図書館活動を積極的に展開し、活用する組織を持っており、日本占領でもそれが活用された。

GHQ（連合国軍最高司令官総司令部）で図書館政策を受け持つCIE（民間情報教育局）は日本の教育改革と憲法改正を担当した。初代のGHQ図書館担当官に就任したフィリップ・キーニーはカリフォルニア州立図書館を中心とする相互協力網をモデルとした「キーニー・プラン」を提唱した。このプランは文部省の起草した図書館法案にも影響を与えたが、キーニー・プランの要点の実現には至らなかった。

CIEは新憲法の制定を急いだため日本の国会改革が必要となり、議員立法の環境を整えるべく国会図書館の新設とその整備が急がれた。そこで米国議会図書館副館長のヴァーナー・クラップらの指導の下、国立国会図書館（NDL）を創設することになり、旧帝国図書館はNDLに吸収された。これにより行政府（文部省）に国立図書館が存在しなくなったため、NDLは司法府（最高裁判所）と行政府（各省庁）にNDLの支部図書館を設けたが、これは現在に至るまでうまく機能していない。

GHQは日本の民主化のためには「言論・出版の自由」が必要であるというスローガンの下、全国の主要二三都市に米国の公共図書館をモデルとしたCIE情報センター（以下、CIE図書館）を展開した。これは英語文献のみを蔵書とする図書館的施設であったが、日本の人々から熱狂的に受け入れられ、以後の日本の図書館サービスの基本モデルとなった。

CIE図書館は蔵書面で図書のみならず逐次刊行物、視聴覚資料なども潤沢に揃え、開架方式でレファレンス・サービス（参考業務）を重視していたが、そこでは優れた司書が不足していた。そこでCIEは日本人司書を養成すべく「日本図書館学校構想」を提案し、昭和二六（一九五一）年に慶應義塾大学文学部図書館学科が設立された。これは対外的には「日本図書館学校（JLS）」と呼ばれた。

†高度経済成長期以降の図書館と今後の課題

国立国会図書館を除く、日本のほとんどの図書館の主なサービスは蔵書の閲覧・貸出サービスで、レファレンス・サービスはクイック・レファレンス・サービスが大半を占めており、貸本屋以来の伝統的な閲覧・貸出サービスが主となっている。そのため、日本の司書ならびに図書館(情報)学の水準も一向に向上していない。

日本の図書館の司書の養成システムにおいては、国際標準の図書館司書を養成することを目的とする大学と、図書館法上に規定されている水準の司書しか養成しない大学・短期大学との二重構造が見られる。また、「物の本」系の出版物を大学図書館や研究関係の専門図書館が担当し、「草の本」系の出版物を公共図書館が扱うという二重構造も見られる。

高度経済成長期に入ると、各企業は海外の技術情報を迅速かつ的確に入手するため、研究所に専門図書館を設立することが流行した。これらの図書館の職員はたいてい技術者で司書との交流がほとんどなく、文献の処理についても新たな手法を採用した。それがドクメンテーション(documentation)である。

一九世紀末、ヨーロッパで創設された国際書誌学会は科学技術など専門性の高い文献の管理方法としてドクメンテーション活動を行い、中でも索引とこれを用いた検索について重点的に研究した。その分類法は日本の公共図書館の多くが採用している列挙型（日本十進分類法に代表される）ではなく合成分析型（国際十進分類法）であった。ドクメンテーション活動は日本の情報サービスの分野において検索理論の向上・発展に大きく貢献し、これを基盤に大型データベースが構築され、オンライン検索の基盤がつくられた。ここでは日本図書館学校（JLS）の卒業生・修了者が活躍したことを付記しておきたい。

日本図書館協会は高度経済成長期以降、変質してしまい、図書館活動で中心的な役割を担っていた司書たちの多くが協会活動から離れ、司書を主体とする専門職能団体としての機能が矮小化されてしまった。

契機となったのは昭和三八（一九六三）年に刊行された『中小都市における公共図書館の運営』（以下『中小レポート』）である。『中小レポート』を信奉する公共図書館関係者は貸出サービスを重視し、貸出冊数の多寡を図書館業績の評価基準とした。ベストセラー本を豊富に用意し、利用者の貸出要求に機械的に応じるのなら、図書館職は専門的な知識を必要としない。当然、これに対して「図書館はただの無料貸本屋でよいのか？」という疑義が呈されており、ベストセラー本を無料で多量に貸し出すことにより地元の書籍小売店や出版業界との関係が悪化し、図書館は出版流通活動からも実質的に無視されたかのような様相を呈した。

大都市近郊の住宅地や街中にあった本屋・貸本屋は健全な主権者の育成にも貢献し、実質的に出版流通の一翼を担ってきたが、現在ではネット通販の普及など流通の変化とともに書籍小売店は激減し、大都市の大型書店がかろうじて命脈を保っているに過ぎない。

街の本屋がなくなった後の日本ではCCC（カルチュア・コンビニエンス・クラブ）が手がける事業が書籍の公共圏に大きな影響を与えている。CCCはその経験を活かし、佐賀県武雄《たけお》市とタッグを組み新たな公共図書館を開館した。その図書館ではライフスタイルを切り口として図書を分類・陳列した。開館時間も延長して年中無休とし、カフェ・スペースも併設した。貸出システムも、利用者のセルフ方式に切り替えた。その結果、人口五万人の武雄市で一年に九二万人が来館し、一年一カ月で入館者数は一〇〇万人を超えた。これは大きく注目され、全国の公共図書館員が武雄を訪れた。

今後も、図書館において利用者のライフスタイルに合わせた居心地のよい空間づくりを重視する傾向は続くであろう。

日本における「書籍の公共圏」は学習・研究の世界ではしっかり根付いてきたが、市民すなわち健全な主権者（informed citizen）を育成するための書籍の公共圏をつくることには消極的であった。

今や日本の公共図書館は都道府県立図書館と市町村立図書館は互いに役割分担すること

なく、その図書館活動を競い合っているかのように見える。都道府県立図書館を核としてその傘下に市町村図書館を置くという、相互補完的な関係を推奨するキーニー・プランの基本理念に立ち戻り、今一度、図書館システムのネットワーク化を考えるべきではないか。

現在はデジタル化に伴いインターネット環境が整備され、なおかつ地方自治法が改正され、PFI（Private Finance Initiative の略。民間が事業主体としてその資金やノウハウを活用して公共事業を行う方式）や指定管理者制度を利用できるようになった。日本の公共図書館はこれらを有効活用して無料貸本屋と呼ばれる水準から脱却し、健全な主権者から信頼される社会的インフラとしての公共図書館へと変化すべき時であろう。

†文化を創造し次世代に伝える図書館へ

以上、本書で紹介する図書館の文化史の概略について触れ、いくつかの側面から現在の公共図書館の抱える問題点を挙げた。デジタル社会においては図書館も変化していかざるを得ない。図書館の使命は終わったとの説もあるが、情報さえ届けば印刷物は不要なのか。そして、来館者にとって居心地のよい空間をつくるだけでよいのか。

図書館とは単に本を貸し出したり、閲覧させたりするためだけの施設ではない。図書館はその時代や社会の文化を創造し、次の世代へとその文化を伝えるための仕組みでもある。

奈良時代末期、石上宅嗣《いそのかみのやかつぐ》によって平城京に設置された芸亭《うんてい》から数えると日本の図書館には一三〇〇年以上の歴史があり、そこには本屋・貸本屋の伝統を受け継ぐ公共図書館のみならず、「物の本」つまり文庫の伝統を受け継ぐ専門・研究図書館も含まれる。今後、デジタル技術を適用することにより図書館はさらに居心地よく、なおかつ充実した調査・研究空間となることが求められるであろう。

本書が日本の図書館の文化史およびその現状の問題点について、読者が理解を深める一助となり、なおかつ「知的情報空間」たる「書籍の公共圏」への誘《いざな》いとなれば幸いである。

第一章

古代——書記文化の誕生から和本の成立まで

百万塔陀羅尼

1　言葉と文字——日本語と日本文明圏の出現

人は誰でも文化に、社会に、歴史に十重《とえ》二十重《はたえ》に取り巻かれ、制約されて生きている。とりわけ、現代人は幾世紀もの長い間に先人たちが書き残した言語の網に閉じ込められ、かなり堅固な言論空間の中で生きており、その言論空間における本や書籍の占める位置は決定的と言えるほどである。

我が国は書籍（図書・本とも。以下同）について豊富な歴史を持ち、図書館についても相応の長い歴史を持つが、両者はしばしば混同される。本書では図書と図書館を区別して扱うと同時に図書、図書館の歴史の両方に目配りすることでそれぞれの把握に努めたい。最初に図書館には、図書・本が必要なことは自明で、本は著者が原稿を書き上げることで出来上がる。原稿は言葉を文字で書き記すことで成り立っているのだから、言葉や文字の問題から始めて、本が出来上がるまでを本章の課題とする。

†日本文化圏への文字の伝来

図書館の歴史を考えるにはまず図書・書物文化の歴史、書くこと、すなわち文字や記録・筆記の文化の移り変わりを概観しておくことが必要であろう。さらに、書くこととなれば言葉の確立が必要であるが、日本列島の先住民族と見なせる縄文人の使用した言語に源を有するとされる日本語はかなり特殊な言語であるらしい。専門研究者の説によれば、日本語を含む東北アジアの沿岸部は日本語の他にも朝鮮語、アイヌ語、ギリヤーク語などそれぞれが孤立言語で、それら言語相互間にも類縁性はほとんど見られないという。考古学の最新の研究成果では、稲作の渡来も朝鮮半島経由ではなく、長江《ちようこう》流域の洞庭湖《どうていこ》周辺にいた「越人《えつじん》」と呼ばれる人たちが対馬《つしま》海流に乗って直接北九州へ、または南朝鮮を経由して伝えたという説が有力であるという。

それならば日本語はこの列島の中で誕生したのであろうか。それとも「越人」や渡来人の影響を受けているのであろうか。言語学的にはそれはよくわからないという。系統が不明ということは結局、日本語の発祥そのものが比較言語学では手の届かない遠い過去に遡るということを意味する。たとえば、言語学者の松本克己《かつみ》は次のように述べている。「現在の日本語は縄文時代から弥生時代に移行してから指導的な役割を演じたある種族や部族など縄文人グループの言語がその政治的、社会的勢力の拡張に伴い、西日本を中心にかなり急速に列島内に拡散したものと思われる」（松本克己「日本語系統論の見直し——マクロの歴史言語学からの提言」『日本語論』Vol. 2, No. 11、一九九四年一月号）。

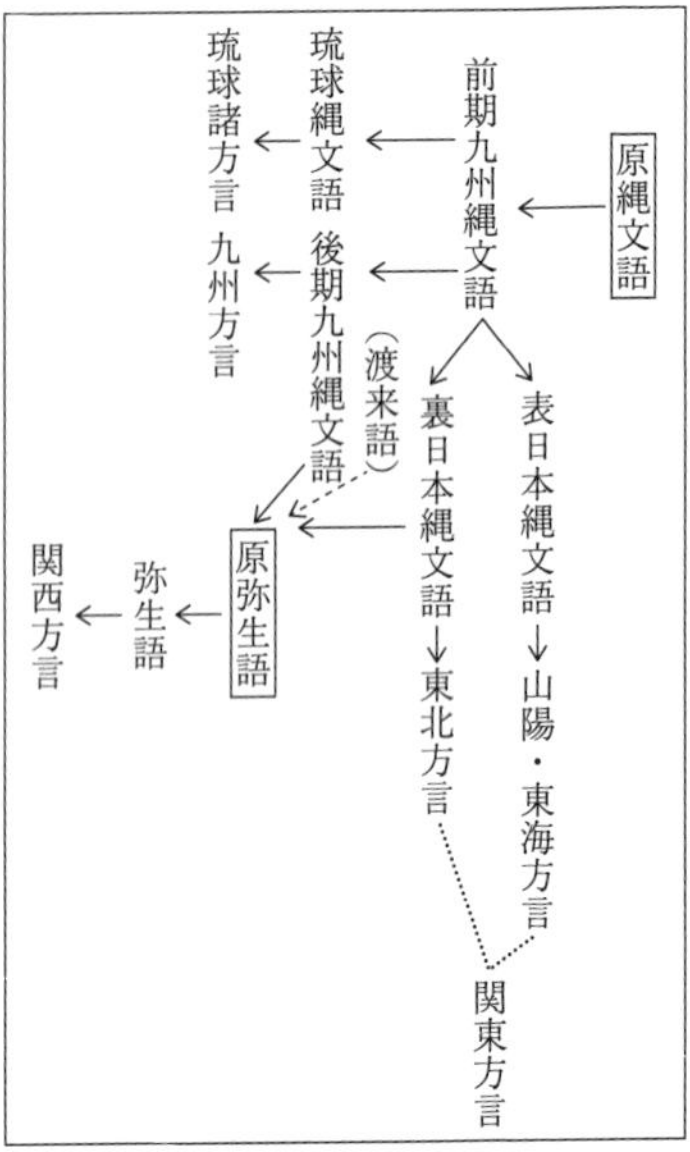

原縄文語から日本語へ（小泉保『縄文語の発見』青土社）

これに対し、同じく言語学者の小泉保《たもつ》は原日本語、すなわち原縄文語の黎明期を約六〇〇〇年前の縄文前期に置き、この原縄文語が「前期九州縄文語」から「琉球縄文語」を経て「琉球諸方言」、「後期九州縄文語」を経て「九州方言」、さらに「弥生語」を経て「関西方言」に分かれ、「前期九州縄文語」から分かれた「裏日本縄文語」が東北方言へ、「表日本縄文語」が山陽・東海方言へと発展し、東北方言や山陽・東海方言の影響を受けて関東方言が成立したという（小泉保『縄文語の発見』青土社、一九九八年、二六〇〜二六一頁）。

稲作文化が大陸から直接伝わったとするならば、漢字も稲作文化とほぼ同時期に渡来していた可能性もある。ちなみに弥生人とは大陸、主に朝鮮半島からの渡来人ではなく、稲作農業を習得した縄文人を指すという。

†文字はいつから使われるようになったのか

いずれにせよ、稲作が大陸から伝わったということは大陸の文化、文字（漢字）もそれと同じ時期には伝わったことになる。これは通説では弥生《やよい》時代の後期、紀元後二〜三世紀とされるが、紀元前一世紀頃との説もあるという。

漢字の移入と前後して徐々に国家意識が醸成されていく。『日本書紀』によれば応神《おうじん》天皇一五（二八四）年に百済《くだら》から大和朝廷に経典が奉呈され、その翌年には王仁《わに》が『論語』一〇巻と『千字文《せんじもん》』を献上するべく来朝したとされている（小野則秋『改訂新版日本文庫史研究　上巻』臨川書店、一九七九年、二四〜二五頁）。また『古事記』にも応神天皇の太子、菟道稚郎子《うじのわきのいらつこ》（仁徳《にんとく》天皇の弟）の命令により、百済の王仁が『論語』と『千字文』を携えて来朝し、奉呈したとある。神話の時代計算に多少問題があるにせよ、三〜四世紀頃には日本に漢字が伝わっていたと考えてほぼ間違いないだろう。

朝鮮の史料では二〜三世紀にかけて、日本がたびたび朝鮮半島に出兵していたという記録があり、広開土王《こうかいどおう》碑文や前方後円墳《ぜんぽうこうえんふん》の朝鮮半島での存在もそれを裏付けている。当時、朝鮮半島の内部にまで日本文化圏が広がっていたとすれば、日本文化圏への漢字の伝来は記紀の記述よりも早い可能性がある。また、記紀の記述が大和政権に漢字が伝来した時期を示しているのであれば、日本文化圏への漢字の伝播・利用開始の時期はそれより早まる。

中国南北朝時代、南朝の宋（四二〇〜四七九）の正史である『宋書《そうじょ》』には雄略《ゆうりやく》天皇から宋に送られた書が記載されており、それは立派な漢文で書かれているという（岩猿敏生《いわさるとしお》『日本図書館史概説』日外アソシエーツ、二〇〇七年、一九頁）。これが渡来人の手によるものであったとしても、五世紀の時点ですでに、日本には漢字を用いて外交文書を送る環境があったことは間違いない。

七世紀の初め、聖徳太子が隋の煬帝《ようだい》に有名な国書「日出《い》づる処の天子、書を、日没《ぼっ》する処の天子に致す。恙無《つつがな》きや」を送ったのも、当時の国際関係を鑑みたうえでのしたたかな外交術であったと考えられる。当時、日本は朝鮮半島の日本領を侵略する新羅《しらぎ》を討つべく朝鮮半島に派兵しており、これは新羅の宗主国である隋《ずい》に対する牽制・威嚇とも考えられるからである。

これと前後して日本と東アジア大陸との文化交流が盛んになり、漢字が日本文化圏に浸透したと考えられる。また、紀元前一世紀頃のものとされる九州北部の墳墓の副葬品から硯《すずり》の断片らしきものが出土していることから、紀元前後から民間レベルでは大陸との相当に大規模な交易が行われていたことがわかる。交易では記録が不可欠であるため、記紀の記述よりも早い段階で漢字が日本文化圏に浸透し、商人等の一部庶民が文字のリテラシーを有していたことはほぼ間違いない。つまり、我が国の書記文化は神代文字《じんだいもじ》を考慮しないにせよ、記紀が伝えるよりも古くから生じていたとも考えられる。

ただし、伝来した文字は漢字であった。言うまでもなく漢字は漢語のための文字であり、日本語（やまとことば）と漢語との関連性はほとんどないことは言語学上の常識である。この漢字を使って大和言葉を書き記すことには、当時の日本人も大いに困惑したであろうことは想像に難くない。当時の人々は漢字を受け入れるために、日本語を放棄することは決してしなかった。ただ、当時の人々が漢字で日本語を書き表すことについては、表記法の確立に向けての長い工夫と苦闘の歴史が必要であり、その結果として、漢文や漢語の読み下《くだ》し法の確立や「かな」の成立にたどり着く。

ただ言語、言葉と文字は別で、言語は音であり、文字は符号である。したがって、言語の誕生と文字の誕生は区別されるべきである。さらに言えば、本・書籍の誕生はその言語と文字の確立が前提となるのである。

†漢字の活用――試行錯誤の中で

日本人が初めて漢字に触れたとき、日本人（縄文人）はそれまで文字を知らなかった、文字を理解する段階にその文明が達していなかったとの前提で考える人が多いが、それは間違いで、文字を知らなかった、あるいは文字を理解できない段階で日本社会に文字が伝来したと考えてはいけないと西尾幹二は言う。そして「(日本の)言語生活ははるかに発達していて、日本に入ってきた文字(漢字)の使用には抵抗があった」と考える必要があるという(西尾幹二『国民の歴史』産経新聞ニュースサービス、一九九九年、九二頁)。その理由は、日本には『万葉集《まんようしゅう》』、『竹取物語』や『風土記《ふどき》』などをはじめとする口承文学の大きな蓄積があるからだという。

図書館という本(書籍)の公共圏に関連付けて言うならば、図書館にとっては本の誕生が直接的な課題であり、その前提として文字の使用があり、さらにその大前提として言語の確立がある。そのうえで、文字に頼ることで言語は影響(一種の傷)を受ける。言語は音であるから、いくら新しく入ってきた文字、すなわち漢字を知っても、複雑かつ高度に達していた言語生活をしっかりとそのままに表記できるとは誰も思わない。あらかじめ確立している伝達形式と伝承形式に外来の文字を介することに対して、その正しい伝達が毀損されるという恐れすら抱いたとも考えられる。

そこで、七世紀ごろには日本語の表記に漢字を利用するため、次の三通りの漢字による表記方式が確立していたという。

①純粋に漢語として読ませるための漢字・漢文の利用、純粋に外国語としての漢字・漢

文の利用。この日本語放棄に当時の人々は強く抵抗し、日本語にこだわったようだ。ただし当時、東アジアの国際公用語とも言える漢語に留意し、宮中での公用・公式記録には漢字・漢文が用いられたため、漢字や漢文は宮中での男性貴族の必須の教養・素養となった。

②漢字を訓読みし、漢文を日本語として読み下す。漢字を連ねて書かれた、一見漢文風の文章であるが、大和言葉でないとよく読めない文章。この例を聖徳太子の十七条憲法に即して記すと、次のようになるという。

一曰、以和為貴、……人皆有党、亦少達者……

読みは「ひとつにいわく、やわらかなるをもってとうとしとし、……ひとみなとむらあり、またさとるひとすくなし……」である。有名な「有朋自遠方来　不亦楽乎」と書く漢文を「朋《とも》あり、遠方より来る、また楽しからずや」と読むことは日本人の多くには自然なこととなっている。漢字列から成る文章ではあるが、読みは大和言葉で読め、漢語がない。

③表音文字を交えて大和言葉の語順のままに記した文章。③の事例を『万葉集』から引くと次のようになる。

宇良宇良尒　照流春日尒　比婆理安我里　情悲毛　比登里志於母安倍婆

読みは「うらうらに　照れる春日《はるひ》に　雲雀《ひばり》上がり　情け悲しも　独りし思えば」である。このように『万葉集』は漢字のみの表記でありながら、漢語を完全に拒否したスタイルである。すなわち『万葉集』が編纂された時点で、大陸の文字である漢字を漢語としては読んでいないのである。要するに、漢字の音を利用して日本語を書き表す文字として利用している。すなわち「万葉仮名」での表記である。

『万葉集』は全文にわたり漢字を「音《おん》がな」として用いているが、漢語の利用はわずか〇・三％ということが武光誠《たけみつまこと》の『律令制成立過程の研究』で明らかにされている（雄山閣出版、一九九八年）。武光の指摘によれば、日本語における漢語の量が急速に増加するのは平安時代、要するに「国風文化」が定着してからだという。『伊勢物語』で六・二％、『枕草子《まくらのそうし》』で一三・八％、平安中期以降は一五〜二〇％に増加し、鎌倉時代以降の武家言葉には漢語表現が際立って多くなり、鎌倉時代は約二五％、室町時代は約三〇％、江戸時代は約三五％、現代は約四五％になるという。この現象について西尾幹二は「仮名が自在に使えるような段階になったときに、漢語の混入にはもはや迷いが伴わない。現代にいたっては、漢語を用いているという意識すらない」と言う（西尾前掲書、九七頁）。漢語を日本語と思っているということである。

†漢字から仮名へ——国風文化の確立と日本文明圏の出現

これは見方を変えれば、もはや日本人は日本文明が漢字に代表される中国文明に飲み込まれることを恐れなくなっているということを、無意識のうちに示しているのではないだろうか。

古代の日本はアジアの諸国ができない事を成し遂げたただ一つの国・文明である。漢字で書かれた漢文という「生」の外国語の文章を日本語読みにして、日本語表記に漢字を取り入れながら日本語をまったく変えなかった。漢文は漢語として読むのではなく日本語としてこれを読み、それでいながら内容豊かな漢文明の古典、宗教（仏教）や法律・政治行政の制度などを漢文の読みを通じて、そのよいところは大いに学習するという決然たる意志を示した。

このような漢文の「訓読み」の成功は、漢文が漢語という外国語であると認めないことにかかっている。ひとたび外国語であることを認めてしまえば、外国語としての漢語を学ぶことに追われ、外国語学習に没頭するあまり、独自の日本語文化の確立を意識しなくなる恐れが多分にあるからである。

この意識はこれから約一〇〇〇年後の明治の文明開化期に再度生じることになる。この時は西欧の英仏独の各国語の文献を対象とし、それぞれの言語で示された内容の学習には全力を挙げるが、学習の成果を日本文化の文脈に取り入れることにこだわり、その言語の持つ文化には染まらなかった。これは日本の驚異的な近代化の源泉となったが、グローバル化が進む今後はどうなるであろうか。

さらには漢字を基礎に漢字とはまったく異なる、書くことにも簡便な「かな」を開発し、ここで完全に現在の「中国文明圏」とは独立し、対抗できる「日本文明圏」の確立に向かった。アメリカの国際政治学者、サミュエル・ハンチントン（Samuel Huntington, 1927–2008）の「日本文明圏は中国文明圏とは異質の独立した文明圏である」との見解の一つの根拠がここに見られる。

2　日本最古の図書館「芸亭」

†仏教書・儒書の伝来

二〇世紀後半までは、五世紀頃までに日本文化圏に文字（漢字）が伝来していたと考えられていたが、最近では関係諸分野の研究が進み、日本ではそれ以前から漢字による書記文化がかなりの水準に達していたことがわかっている。すなわち文字の浸透があったと考えられている。小野則秋《のりあき》は記紀の記述をもとに、日本では三世紀末に書物と学問が同時に伝来したという説を採用している（小野則秋『改訂新版日本文庫史研究　上巻』臨川書店、一九七九年、二四頁）。

また、小野は仏教の伝来についても『日本書紀』の記述をもとに欽明《きんめい》天皇一三（五五二）年説を採用しているが、このときに将来された仏典がいかなるものであったかは知るよしもないとしている（小野前掲書、二八頁）。ただ、注目しておくべきは仏教書、儒書の到来は単に文字を伝来しただけでなく、「本」（書籍）の形式をも日本に伝えたことである。その形式が巻子本《かんすぼん》か折本《おりほん》か、または冊子体であったかは別として、単に紙片に文字により言葉を書き記すだけでなく、それらをまとめて製本することにより、まとまった理念や思想・概念の伝達を可能にする書籍や本にまとめることの効能を知ったということの意味は大きい。

仏教そのものは六世紀後半に日本に伝わったが、当時は物部《もののべ》、蘇我《そが》両氏の政治思想的対立に巻き込まれ、仏教は蘇我氏からの支援を得る一方で物部氏からは排斥運動の対象とされた。その後、およそ三〇年を経て信仰が普及し、推古《すいこ》天皇朝（五九二〜六二八）においては学問も急速に発展した。推古天皇一二（六〇四）年に聖徳太子の十七条憲法が発布され、第一条には有名な「以和為貴（和をもって貴しとなす）」、第二条には「篤敬三宝《さんぽう》（篤く三宝を敬え）」が掲げられた。三宝とは佛（仏像）、法（経典）、僧（僧侶）を指す。

今日まで伝えられている経典はないが、聖徳太子が自ら撰述した『三経義疏《さんぎょうぎしょ》』七巻（『法華《ほっけ》義疏』四巻、『勝鬘経《しょうまんぎょう》義疏』一巻、『維摩経《ゆいまぎょう》義疏』二巻）から、大乗経典類が将来されていたことが推測される。経典類は経蔵《きょうぞう》に丁重に隔離・保存され、崇拝の対象となったのであろう。

十七条憲法は仏教書に加えて外典《げてん》（仏教経典以外の書物）の書籍も参考としており、主なものとしては『詩経《しきょう》』『尚書《しょうしょ》』『礼記《らいき》』『孝経《こうきょう》』『論語』『孟子』『左伝《さでん》』『管子《かんし》』『墨子《ぼくし》』『荘《そう》子《し》』『韓非子《かんぴし》』『史記』『漢書』などが挙げられる。六世紀になると我が国では書籍が学習・研究の手段・対象となり、その場として法隆学問寺（法隆寺）を建立した。また小野《おのの》妹子《いもこ》を遣隋使として派遣し、大陸文化の積極的な将来を試みるなど海外情報の積極的な収集にも努めた結果、相応の漢籍の将来が実現した。

九世紀末の時点で、日本における漢籍の存在状況を伝えるものとして、藤原佐世《ふじわらのすけよ》（「すけつぎ」とも。八四七〜八九七）の撰による『日本国見在書目録《にほんこくげんざいしょもくろく》』がある。これによれば、九世紀末までに日本に将来された漢籍（仏典を除く）は一五七八部（一六九九七巻余）に及ぶという。これが今日、我々が知ることのできる九世紀後半の日本の知的文化圏の一側面である。

†文字・書籍による学習の広まり

日本に仏教以外の書物の伝来が増えるにしたがい、一つの書物を公共財的に利用するサークル的なグループが構成されるようになる。情報・知識を得るための手段を典籍のみに頼らず、専門研究者（学者）を招聘し、先進地への留学・派遣も積極的に行った。さらに書物とともに学問も伝来し、教育が始まる。伝来した学問は医学や殖産工芸など、実学分野にまで及んだと伝えられている。

継体《けいたい》天皇七（五一三）年には百済より五経博士《ごきょうはかせ》が来朝した。五経とは儒教経典のうち『尚書』『周易』『詩経』『春秋』『礼記』を指す。これらの本で学んだ成果が新たな書籍としてまとめられ、やがて知の公共圏、書籍の公共圏が形成され、成熟へと向かう。人々の知的情報へのアクセスが社会の発展に大きく寄与するということが明らかになるにつれ、そのための体制や制度を整備・確立する方向に向かう。

大宝元（七〇一）年に大宝律令《たいほうりつりょう》が制定され、皇室の文庫として図書寮《ずしょりょう》が設立されたと伝えられている。教育制度としての大学は天智《てんぢ》朝に始まるとされるが、大宝律令ならびに天《てん》平宝字《ぴょうほうじ》元（七五七）年に施行された養老《ようろう》律令の官制では式部《しきぶ》省の下に大学寮が置かれ、官吏に登用される学生《がくしょう》の教育に当たったとされる。平安時代初期には大学寮の教育なども整備されたが、その後、国学での中・下級官人の養成に重点が移った。大学寮は一二世紀後半に火災により消失し、再興されるも衰亡に向かったが、形式的には室町期まで存続していたとされている。

大宝律令では「国学」という主に地方官吏（中・下級官人）養成のための学校も設立されたが、これは奈良時代末期から平安初期までが最盛期で、平安末期には廃絶したという。その原因は教師と教材にすべき典籍の不足にあったとされている（小野前掲書、一一二〜一一三頁）。

当時（飛鳥時代）までの日本における書籍の世界は、主に漢字文化圏から将来される書籍がその世界を広げるだけで、新たに利用され始めた仮名文字による平安朝の華やかな女性文学は書籍の公共圏にはいまだ登場していなかった。書籍は漢文で記述されており、日本語ではない書物であった。これでは日本の書籍の公共圏、知の公共圏とは言いがたく、一部の有力貴族が所有する書籍が私的に公共圏を形成したのみであった、と考えても差し支えないであろう。

†日本最古の「文の庫」――芸亭と石上宅嗣

奈良朝末期の文人、大納言石上宅嗣《いそのかみのやかつぐ》（七二九〜七八一）は天平勝宝《しょうほう》九（七五七）年、従五位上・相模守に叙任されると天平宝字三（七五九）年に三河守、天平宝字五（七六一）年に上総守と、藤原仲麻呂《ふじわらのなかまろ》政権下で地方官を歴任した。また同年、遣唐副使に任命されたが唐に渡ることなく、天平宝字六（七六二）年に藤原田麻呂《ふじわらのたまろ》に交代して辞任している。

そして天平宝字七（七六三）年、文部大輔《もんぶたいふ》となる。宅嗣は物部氏一族で、宮中奉祀の宝剣に関わる祭主の家柄であったが、当時権力を握っていた太師《たいし》・恵美押勝《えみのおしかつ》を除こうとして失敗し、天平宝字八（七六四）年正月に大宰少弐《だざいのしょうに》に左遷されるが、同年九月に発生した藤原仲麻呂の乱により恵美押勝が失脚すると復権し、一〇月に正五位上・常陸守に叙任された。

その後の道鏡《どうきょう》政権下では順調に昇進し、神護景雲《じんごけいうん》二（七六八）年には従三位に叙せられた。神護景雲四（七七〇）年には称徳《しょうとく》天皇の崩御に際して、参議として藤原永手《ふじわらのながて》らとともに光仁《こうにん》天皇を擁立する。光仁朝でも重用され、宝亀《ほうき》一一（七八〇）年には大納言に昇進した。天応元（七八一）年四月に正三位に叙せられるが、同年六月二四日に薨去《こうきょ》した。臨終に

石上宅嗣像（桑原蓼軒『芸亭院』理想社）

あたっては薄葬《はくそう》(葬儀を簡素化すること)とするようにと遺言し、時の人々は宅嗣の死を悼んだという。

宅嗣は賢明で容姿端麗、言動に落ち着きがあり雅やかで、幅広い書籍に通じていたという。武門の出であるにもかかわらず文章、詩歌をよくし、数十首の漢詩や賦《ふ》の作品を残しており、それらは『万葉集』や『経国集《けいこくしゅう》』に収められている。

宅嗣は官職の傍らで仏教を篤く信仰し、晩年の天応元(七八一)年には旧宅を阿閦寺《あしゅくじ》(多くの人の集まる寺の意)とした。その一室に外典(仏教経典以外の書物)の書庫を設けてこれを芸亭《うんてい》と名付け、石上一族の子弟以外にも自由に閲覧を許可したという。また閲覧規則を定め、その規則に沿った閲覧利用を促した。芸亭は日本最初の公開型の図書館とされており、賀陽豊年《かやのとよとし》など多くの好学で有為の青年がここで学んだという。芸亭は宅嗣の生存中はもとより、『続日本紀《しょくにほんぎ》』巻三六が撰進された延暦一三(七九四)年までは存続していたとみられるが、綜芸種智院《しゅげいしゅちいん》が創設された天長五(八二八)年にはすでに廃絶していた。

この芸亭こそ我が国の書籍の公共圏を具現化した最初の事例として、「日本最古の図書館」と称されている。その所在地については石上《いそのかみ》神宮近傍と、現在の奈良市内という二説がある。前者には宅嗣卿の顕彰碑(天理大学図書館前)、後者には奈良市立一条高校の図書館(芸亭文武館)があり、いずれも現代の若者が勉学にいそしむ場となっている。

†芸亭に影響を受けた賀陽豊年、菅原道真および空海

ここで芸亭のその蔵書を閲覧、利用した人物について簡単に触れておく。

芸亭の群書に学ぶことでその才を磨き、世に出た代表的な人物として平安初期の儒者・文人の賀陽豊年（七五一～八一五）が挙げられる。賀陽豊年は官吏登用試験である「対策」に合格した後、芸亭の群書を閲覧して研究を続け、桓武《かんむ》朝に文章博士《もんじょうはかせ》を経て東宮《とうぐう》学士となり、平城《へいぜい》天皇の即位に伴い式部大輔《しきぶのたいふ》となった。当時の高級女官、藤原薬子《ふじわらのくすこ》の専横に不快感を示し、薬子の変後に引退を願い出るが、嵯峨《さが》天皇はその才能を惜しみ、播磨守に任じたという。豊年の出自は有力な家系ではなく、それゆえに芸亭の存在が彼の才能開花に大きく貢献したと考えられる。

また菅原道真《すがわらのみちざね》（八四五～九〇三）の祖父であり、儒家としての菅家《かんけ》の基礎を築いた菅原清《きよ》公《とも》（七七〇～八四二）は文章博士を経て大学頭《だいがくのかみ》、式部大輔、佐中弁《さちゅうべん》などを歴任した。彼もまた、その出自や勉学環境は恵まれたものではなく、芸亭でその才を磨いたのであれば、孫の道真がその書斎・紅梅殿《こうばいどの》を公開したことにも何らかの影響を及ぼしている可能性がある。

道真の紅梅殿はわずか二間四方に足りぬものであったが、三層の吊り棚を四方に設け、書物（大半が巻子本）はすべて小函に収めて棚に配列されており、床には机を備えていたと

いう（小野前掲書、三一八〜三二二頁）。

また空海《くうかい》（弘法大師《こうぼうだいし》、七七四〜八三五）も綜芸種智院の創始に際し、芸亭について触れている。芸亭が我が国の知的文化圏の形成に影響を与え、大きく貢献したことは間違いない。

3 和本の成立

†国風文化の興隆と大陸の情勢

平安時代になると奈良時代の唐風文化に対して国風（和風）文化が顕著となる。平安時代は日本史上、女性の感性が最も大切にされた時代でもあり、王朝文化には女性の趣味や趣向が色濃く反映されている。

内裏《だいり》において公式の「ハレ」の場では漢文・漢詩が用いられたが、私的な「ケ」の場ではかな文字が用いられた。後者を代表するものが和歌で、藤原氏に代表される貴族たちが国風文化を支えた。

東アジア（大陸）では一〇世紀に唐が滅び（九〇七年）、五代十国時代を経て宋王朝（北宋）が成立する。寛平《かんぴょう》六（八九四）年に遣唐使の派遣は停止されたが、それ以降も大陸との通商は活発であった。そのため大陸の文化の導入に大きな支障はなかったが、遣唐使の廃止が日本文化の国風化を加速させたことは否めない。

大陸では宋の時代までに出版文化が盛んとなり、日本でも宋書の輸入・将来が進み、今日も多くの宋版《そうはん》（宋時代の出版物の意）が残っている。印刷術は唐代にすでに確立していたが、書物に触れることができたのは貴族層のみであった。しかしその後、版本による書物が大量に流通し、多くの人が書物を入手できるようになった。

こうして北宋では出版業が盛んとなったが、北宋時代にはまだ書店（当時の書肆《しょし》・書賈《しょこ》）が十分に発達していなかった。たいていは士《し》大夫《たいふ》が書物を販売したが、彼らは商売人ではないため店を構えず、首都・開封《かいほう》の相国寺《しょうこくじ》には有名な書店があったが、これは定期市のようなもので常設ではなかった。北宋は女真族の金に開封を奪われた後、南遷して一一二七年に宋を再興する（南宋）。南宋の首都・臨安《りんあん》には専門の書店が誕生し、末期には出版業者や書店が栄えた。

しかしその一方で、たとえば北宋の政治家・文人である欧陽脩《おうようしゅう》は自分が好まない書物、国家の検閲を経ていない出版を禁止している。実際には禁令にもかかわらず出版熱は冷めなかったが、宋政府は一貫して坊刻《ぼうこく》（民間製作の書物）を厳しく規制した。最澄《さいちょう》や空海をはじめとする仏教僧・入宋僧たちを通じて宋書が日本に流入し、これは五山文化の礎をつくるとともに中世文化の素地にもなった。

†かな文字と女房文学の発展

日本では飛鳥時代、もしくはそれ以前から漢字が用いられていたが、これは本来、日本語を書き記すための文字ではないことはすでに述べた。そこで、日本語を用いていた日本文化圏の人々は日本語と同じ意味を持つ漢字を探し、当てはめることで物事を書き表そうとした。しかし漢字では日本語を十分に書き表すことができないため、奈良時代から漢字の音読みを利用する万葉仮名が用いられた。万葉仮名とは漢字を本来の意味から切り離し、その「音」だけを用いて日本語を書き記したものである。しかしそれでも不便であったため、国風文化の充実・発展とともに「かな（ひらがな、カタカナ）」を創り出し、これが広く使われるようになった。かな文字の創出は画期的で、かな文字の存在により、国風文化、日本文化の顕著な発展が初めて可能になるのである。

平安時代の政治は藤原氏による摂関《せっかん》政治であるが、それは自らの子女を入内《じゅだい》させ、その子（親王）を天皇に即位させて権力を握るという外戚政策に立脚していた。そのため天皇の歓心を得るべく自らの子女に高度な教育を授け、魅力的な女性に育成することを目指した。そこで有能な女性を選抜して女房として宮廷に仕えさせることで当時としては最高の知的・文化的な空間を作り出し、自らの子女をその中で養育することで、天皇も魅惑されるほどの知的魅力に富んだ人物に育てようとした。そのための女房は中級階級の貴族の子女から選抜されることが多く、彼らもまた一家をあげて藤原氏に取り入るべく子女の教育に力を入れた。その結果、女房たちによる平安朝宮廷文学が花開く。

平安朝宮廷文学においては「かな」文字を使い、和歌、物語、日記・随筆などの分野で多くの作品が生まれ、今日に伝わっている。その代表的な作品には次のものがある。

①和歌・詩集

『古《こ》今《きん》和歌集』……醍醐《だいご》天皇の勅命により延喜《えんぎ》五（九〇五）年に上奏された最初の勅撰和歌集。撰者は紀貫之《きのつらゆき》、紀友則《きのとものり》、凡河内躬恒《おおしこうちのみつね》、壬生忠岑《みぶのただみね》の四名である。

『和漢朗詠集《わかんろうえいしゅう》』……寛仁《かんにん》二（一〇一八）年頃、藤原公任《ふじわらのきんとう》が編集した漢詩集。

②物語

『竹取物語』……九〜一〇世紀頃に成立。現存する最古の仮名書き物語。

『伊勢物語』……作者・成立年未詳。在原業平《ありわらのなりひら》を主人公にしたといわれている歌物語。

『うつほ（宇津保）物語』……遣唐副使・清原俊蔭《きよはらのとしかげ》とその子孫を主人公とする最古の長編

物語。

『落窪《おちくぼ》物語』……継子いじめに苦しむ姫が貴公子と結婚して幸せになる物語。

『源氏物語』……紫式部《むらさきしきぶ》著。長編の王朝物語で王朝文学の最高傑作。

③日記

『土佐日記』……紀貫之が女性を装い、かな文字で書いた土佐から都までの旅の日記。

『蜻蛉《かげろう》日記』……藤原道綱母《ふじわらのみちつなのはは》が夫・藤原兼家《ふじわらのかねいえ》への不満などを綴った日記。

『和泉式部《いずみしきぶ》日記』……自らの恋愛について綴った物語的な手法の日記。

『紫式部日記』……紫式部が寛弘《かんこう》五（一〇〇八）〜寛弘七（一〇一〇）年の自らの宮仕えのことなどを綴った日記。

『更級《さらしな》日記』……菅原孝標女《すがわらのたかすえのむすめ》が自らの恋愛、宮仕えの夢が叶わなかったことなどを綴る自伝的な回想録。

『小右記《しょうゆうき》』……道長に批判的で、賢人右府《けんじんうふ》といわれた藤原実資《さねすけ》の漢文による日記。

『御堂関白記《みどうかんぱくき》』……藤原道長《みちなが》の日記で、陽明文庫所蔵の自筆本は国宝となっている。また、一〇世紀の政治的最高権力者の日記として平成二五（二〇一三）年六月にはユネスコ記憶遺産に登録されている。陽明文庫に伝わり、現存する世界最古の直筆日記。

④随筆・その他の文学作品

『枕草子』……清少納言《せいしょうなごん》の随筆。現在、我々が目にする『枕草子』は長短さまざまな文章から成り、藤原定家等の校訂作業により大きく分けて三つの段に整理されて現代に伝わる。すなわち空、山、季節など自然について書かれた文章から成る類聚段《るいじゅうだん》、清少納言が日常生活や仕えた藤原定子《ていし》の思い出などを記した日記段、これらに当てはまらない文章から成る随想段の三つである。

『倭名類聚抄《わみょうるいじゅしょう》』……源　順《みなもとのしたごう》が承平《じょうへい》年間（九三一〜九三八）に醍醐天皇の皇女、勤子《きんし》内親王の求めに応じて編纂した日本最初の百科事典。日本の百科事典の編纂においては、唐から輸入された百科事典である類書がモデルとなった。「日本国見在書目録」によると漢籍の類書には『物始《ものはじめ》』『修文殿御覧《しゅうぶんでんぎょらん》』『華林遍略《かりんへんりゃく》』『芸文類聚《げいもんるいじゅう》』などがある。

⑤口承（伝承）文学等

日本に漢字が伝わる前後から平安朝期にかけては、多くの物語が口頭で語り伝えられていたといわれている（橋口侯之介《こうのすけ》『和本への招待――日本人と書物の歴史』角川学芸出版、二〇一一年、一八〜二五頁）。その中で文字化され、現代に伝わっているものとしては『竹取物語』

や『うつほ（宇津保）物語』などが挙げられるが、これはほんの一部であろう。物語の断片は『今昔物語《こんじやく》』や『万葉集』に採録された防人《さきもり》の歌、歌垣《うたがき》で詠まれた異性への呼びかけなどにもみられる。『古事記』『万葉集』『風土記』などはこうした背景の下に成立したと考えられる。

平安期の女房文学は日記など私的なことが書かれたものが多く、そこでは「かな」のほうが適していた。日本文化、国風文化、さらに言えば日本文学はこのように大きく「かな文字」の創出に負うているのである。

†王朝文学・国風文化のスポンサーとしての藤原道長

藤原道長（九六六〜一〇二七）はその子女、威子《いし》が後一条《ごいちじょう》天皇の中宮となった宴席で詠んだ「この世をばわが世とぞ思ふ望月《もちづき》のかけたることもなしと思へば」の歌とともに、摂関政治最盛期を代表する人物として知られている。多くの人は道長を権勢欲の塊のような人物として思い描くかもしれないが、一面では彼は仏道を尊崇し、浄妙寺《じょうみょうじ》、勧修寺《かじゅうじ》、法性寺《ほっしょうじ》などといった大伽藍を建立し、幾千の仏像を造らせた。また工芸美術の進歩を促すのみならず学芸を奨励し、文学者を重用した。その結果、宗教・美術・文学において多くの才能が開花し、絢爛豪華な平安文化が生まれた。

道長は平安新文学の保護者・奨励者でもあった。彼は自身の子女で後に一条《いちじよう》天皇の中宮となる彰子《しようし》の下に紫式部、赤染衛門《あかぞめえもん》、伊勢大輔《いせのたいふ》など多くの有能な侍女を集めるだけでなく、自身の家の女房に和泉式部を招致している。また和歌・漢詩もよくし、その作品は『経国集』にも選ばれ、彼の日記である『御堂関白記』は国宝となっている。

『枕草子』の作者・清少納言は一条天皇の中宮定子（道長の姪）に仕える女房であった。中宮定子は長保《ちようほう》二（一〇〇〇）年、第二皇女・媄子《びし》内親王を出産した直後に崩御しており、清少納言のその後の動静の詳細は伝わらないが、宮仕えは辞したと考えられる。一方で紫式部が仕えた中宮彰子（上東門院）は長保元（九九九）年に女御《によご》となり、翌年の中宮定子の薨去により中宮となる。そのため清少納言と紫式部が御所で顔を合わせたこともあったかもしれない。清少納言が『源氏物語』を読む機会はなかったかもしれないが、紫式部は『枕草子』を少なくとも部分的には読んでいたと思われる記述が『紫式部日記』に見える。

†和本の誕生

『日本古典籍書誌学事典』（井上宗雄《むねお》他編、岩波書店、一九九九年）によれば、我が国に古くから伝わる装丁法で製本された本を和本《わほん》（和装本《わそうぼん》）といい、最古の和本は奈良時代の巻子本《かんすぼん》であるという。巻子本は紙（料紙《りようし》）を一定の大きさに切り揃えて糊で継ぎ、巻末に軸棒を

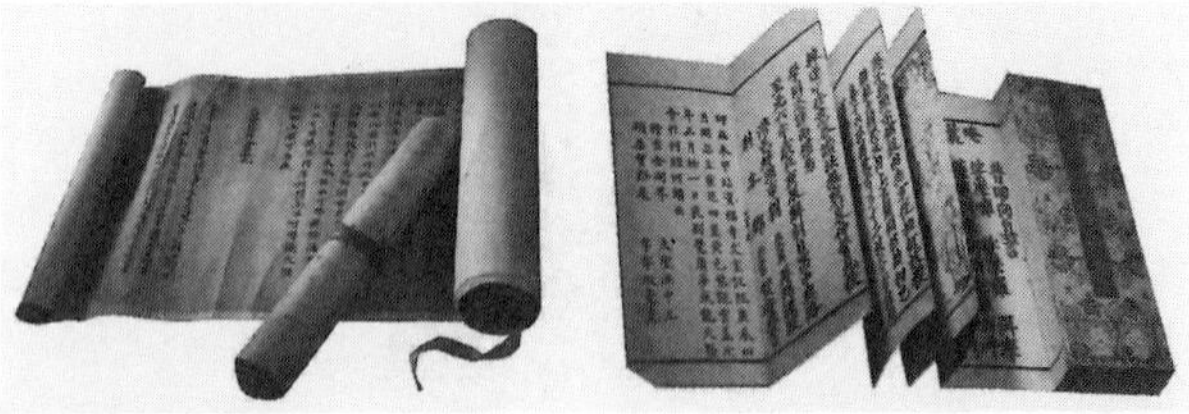

巻子本（左）と折本

付け、これを芯にして継ぎ紙（料紙）を巻き込む。巻首にはやや厚手の表紙を付ける形式の巻物であり、内容としては文学的な物語や歌集などが多い。

しかし巻子本は広げて読む（これを繙読《はんどく》という）には不便なため、一定の幅に折りたたみ、前後に表紙を付けて折本《おりほん》とし、これが冊《さっ》子《し》体《たい》（冊子本とも）へと発展する。折本は冊子本への過渡的な形態と言える。冊子体の綴じ方には糊装《のりそう》と糸綴《いとと》じがあり、前者には粘《でっ》葉装《ちょうそう》、後者には列帖装《れっちょうそう》や大和綴《やまとと》じがあり、我が国では糸綴じが発展した。大和綴じは我が国独自の方法で表紙・書型も巧緻である。

平安文学の最盛期は一一世紀前半で、書物の世界でも院政期から鎌倉時代にかけて変化がみられる。藤原定家《さだいえ》の貢献もあり、冊子体の和本が広まり、これは国風文化の象徴とも言える。

摂関政治期の貴族層による文学活動は時代が進むにつれて沈静・弱体化していき、書物との関わりは寺院が中心になっていく。公家は朝廷における役割を家ごとに専業化するようになり、書物に関する役割を担ったのが博士家《はかせけ》である。中原家・清原家は明経博士、菅原家・大江家は文章博士、惟宗《これむね》家は明法博士《みょうぼう》であった。

律令制のもとで日本は科挙の制度を採り入れなかったため、貴族の子弟は親の役職を世襲した。そのため大学寮などで学ぶよりもむしろ、儒書などに基づく家庭教師的な教育を受けた。ここで家庭教師の役割を担ったのが博士家であるが、和歌については藤原道長の子・長家《ながいえ》を祖とする「御子左家《みこひだりけ》」という公家の家系が中心となった。この家系から藤原《ふじわらの》俊成《としなり》が生まれ、その俊成の子に藤原定家がいる。

†藤原定家の貢献

藤原定家（一一六二〜一二四一）は建保《けんぽう》六（一二一八）年に民部卿《みんぶきょう》、貞永元（一二三二）年に正二位権中納言《しょうにいごんのちゅうなごん》に任じられた。定家は和歌に長じていたほか、『新古今和歌集』『新勅撰和歌集』などの編纂に携わり、治承《じしょう》四（一一八〇）年〜嘉禎《かてい》元（一二三五）年の半世紀余に及ぶ日記『明月記《めいげつき》』を残した。ここでは当時の社会・経済・政治状況のみならず自然観察などにも詳しく触れ、オーロラ現象研究の貴重なデータにもなっている。

定家が取り上げた文学作品は成立してから二〇〇年ほど経っているものが多く、しかもそのほとんどは未製本の鈔本《しょうほん》（書写）であった。内容や文字、文章が不明なものも多い中で、定家は可能な限り原本に近いものを復元するよう努め、さらには多くの物語を見出して校訂している。定家は日本の書籍文化において大きな貢献をした人物である。

また『源氏物語』『伊勢物語』『枕草子』『土佐日記』『更級日記』などの正確な伝本《でんぽん》の整理を行い、校訂・考証したことも大きな功績である。当時の書物は印刷ではなく、書き写されたものがほとんどで、未製本であったために、全体構成の確定も大変であったと思われる。定家は複数の伝本を照合しながら文字の写し誤りや異同を修正し、校訂（原本側の誤りの訂正の意）するなどの作業を辛抱強く行った。定家は国文学、特に平安朝文学における校訂・考証の第一人者であり、国内外の日本文学研究者・愛好者はもれなくその恩恵を受けている。

†漢文とかな――日本文化の二重構造

一一世紀後半からの院政の時代に入ると、女性貴族の文学活動が陰りを見せ始める。日本に漢字が伝来して以来、律令体制の下で国家の機構が整備され、図書寮《ずしょりょう》の制も整えられた。それとともに国史類の編纂事業、政治上の記録管理体制も整備され、それらが収集・保存されるようになった（小野前掲書、三三〜四一頁）。

朝廷においては男性貴族（官僚）が漢文で記した記録が公式のものと見なされていた。当時は話すことがコミュニケーションの中心であったが、漢文ではこれを自由に書き表すことが難しかった。このような社会的要請に応じて「かな」が生まれたことは先に述べた。紀貫之は漢文もよくしたが、『土佐日記』ではあえて「かな」を用いている。

漢文と「かな」という二重構造は日本文化の根幹をなす特徴とも言える。政治の世界においては、平安時代になると政治は天皇の親政から摂関政治、上皇による院政へと移行し、やがて武家による幕府政治となった。ここで「権威」と「権力」は一体化せず、両者は相互に協力しあいながらも、相互に牽制しつつ相互の利益を守った。また書物の世界では漢字・漢文による漢籍流の書籍、かな文字による和本という分類がされる。さらに加えて、堅い本である「物の本」と娯楽的な読み物である「草の本（草子）」という二重構造が形成された。この二重構造は社会文化面にも反映され、江戸時代以降は大きな流れになり、日本文化の層の厚みにもなったと見られる。

4　平安朝のふみくら

†国・官の文倉

日本の図書館の歴史は奥が深い。我が国では律令制の下、太政官に「文殿《ふどの》」を置いた。

太政官の下には行政官庁があり、そこには上申文書《じょうしんもんじょ》、宣旨《せんじ》、官符《かんぷ》、官牒《かんちょう》など太政官内の文書すべてを取り扱う文庫があった。これが官庁文庫としての文殿で、代表的なものとしては太政官文殿、外記《げき》文殿などが挙げられる。文殿は今日の公文書館、専門図書館と近い機能を持っていたと考えられており、多くの文書記録を所蔵し、大史《だいし》がこれを管理した（小野前掲書、六六頁）。

一方、国の統治が高度化するにつれて国の歴史への関心が高まり、中務省《なかつかさしょう》に図書寮ができた。これは図書館的な組織で、文書・書籍をつかさどる職掌として大宝律令に「書司《ふみのつかさ》」（「しょし」とも）なる職種が記載されている。書司は後宮十二司《こうきゆうじゆうにし》の一つで尚書《しょうしょ》（「ふみのかみ」とも。従六位に準ずる）一人、典書《てんしょ》（従八位に準ずる）二人、女孺《にょじゅ》六人で構成されていた。後宮職として女孺の名目のもと、女性が登用され、仏教儒教関係の図書、紙筆墨机など文房具類、楽器等の管理を行ったが、平安時代以降は楽器の管理に重点が移った。この「書司」は今日の司書に相当すると思われる（小野前掲書、四五頁）。しかし図書寮は朝廷の組織で誰もが利用できるものではなく、今日で言う専門図書館に近いと言える。

このように律令体制下では太政官の文殿、中務省の図書寮が並立していたが、九世紀中頃（八六八年頃）に編纂された養老令の注釈書『令集解《りょうのしゅうげ》』によれば中務省とは本来、禁中の政務を執る所で「ナカノマツリゴトノツカサ」と読ませ、天皇と太政官の中間にあって詔勅の伝奏などを主な任務とし、大日本帝国憲法下の宮内省に相当する官庁であったという（小野前掲書、四三頁）。

†教育機関の文倉

大宝元（七〇一）年に大宝律令が制定され、これにより京に大学寮、地方に国学を置いて経書、算数などを教えることが定められた。大宝三（七〇三）年に藤原武智麿《ふじわらのむちまろ》が大学頭に就任して大学の整備が進み、天平七（七三五）年、唐から帰朝した吉備真備《きびのまきび》（六九五～七七五）が大学頭となり、大学寮の教育内容の充実が進んだ。学生定員は四〇〇名とされ、教育方針は儒学に基づいていたが教科には文学の他、史学も加えられていた。入学資格は五位以上の子弟であることで、五位以下でも一定の条件を満たしていれば認められることもあったが、これは貴族階級の学校と見るべきであろう。地方の国府には国学が置かれ、定員は国ごとに異なり二〇～五〇名で郡司や庶民の子弟を入学させ、国司がこれを管轄した。つまり大宝律令により、全国教育網が完成したことになる。

大化の改新以降、氏族政治は崩壊し、隋・唐王朝の中央集権政治体制を模倣した超氏族的な国家統治下において大学・国学は官僚養成機関の役割を担っていた。しかし平安期になると一種の氏族政治とも言える体制が再興したため、令制《りょうせい》における「対策」のような官吏登用試験によるよりも、氏族を中心とする教育体制に重きが置かれるようになった。氏族のための教育機関としては先に触れた石上宅嗣の芸亭のほか、和気《わけ》氏の弘文院《こうぶんいん》、藤原氏の勧学院《かんがくいん》、橘《たちばな》氏の学館院《がくかんいん》、在原氏の奨学院《しょうがくいん》、大江氏と藤原氏による文章院《もんじょういん》などが挙げられる（小野前掲書、一一一頁）。こうした教育機関に入学候補者を取られたうえ、平安期に入ると遣唐使が中止された影響で国風文化が発展したため、官吏登用試験を目指す大学等の漢籍中心の教育機関は衰退していく。さらには徴税賦課体制の乱れにより藤原氏の摂関政治の経済的基盤が危うくなり、大学・国学の制は衰微していった。

また、庶民の高等教育機関としては空海（弘法大師）が天長五（八二八）年に設立した綜芸種智院《げいしゅちいん》がある。これは儒仏兼学を理想とし、多くの図書を備えて教官には僧侶・儒者を充て、僧俗を問わず入学を許可した。空海は吉備真備の二教院や石上宅嗣の芸亭をモデルとしてこの院を設立したともいわれている（小野前掲書、一三五頁）。空海は院の経営を寄付によってまかなおうとしたため経営が行き詰まり、空海の入滅（八三五年）から一〇年後、承和《じょうわ》一二（八四五）年に閉校したが（小野前掲書、一三六〜一三七頁）、空海の理想に基づく学校がわずか二〇年間でも存続したことは特筆に値する。

国の中央に大学寮、地方に国学が置かれて教育が始まれば、そこには自ずと図書・記録類が集められる。大学寮の教育について、小野は「教育方針は儒学に基き学生の定員を四百とし、五位以上の子孫及び東西史部の子たる事を入学資格として十三歳以下の聡明なるものを取り、六位以下八位以上の子弟は特に請願によって入学を許され、又地方郡司の子弟で国学生として二経を履修したる者に限って入学を許したが一種貴族階級の学校とも見るべきであらう」としている（小野前掲書、一一〇頁）。また先に触れた『令義解』から、当時の学生が読み、大学寮に備えられた図書として経書は『周易《しゅうえき》』『尚書』『周礼《しゅらい》』『儀礼《ぎらい》』『礼記』『毛詩《もうし》』『春秋左氏伝《しゅんじゅうさしでん》』『孝経』『論語』など、算経については『孫子』『五曹《ごそう》』『九章』『海島《かいとう》』『六章』『綴術《ていじゅつ》』『三開重差《さんかいじゅうさ》』『周髀《しゅうひ》』『九司《きゅうし》』などを挙げている。これにより、平安期には今日の学校図書館や大学図書館に相当する図書館的な組織が存在したことがわかる。

†寺院の文庫・経蔵

寺院の蒐書事業は経典、すなわち一切経を収集・蓄積している「経蔵」と教学研究のために仏教以外の図書、いわゆる外典も収蔵する「文庫」に分けられる。東大寺、石山寺《いしやまでら》、延暦寺、東寺《とうじ》（教王護国寺《きょうおうごこくじ》）、高野山（金剛峯寺《こんごうぶじ》）、中尊寺などがその代表例で、特に東大寺は経蔵、文庫に加えて正倉院を持つ。当初、正倉院の収蔵図書はそう多くはなかったが、その後加えられた古写経および「正倉院文書」と称される記録類は学術研究において重視されている。本書では経蔵も文庫の一部、専門図書館として考える。

個人文庫

奈良朝から平安時代にかけて国風文化が発展・成熟していく中で、朝廷に仕える貴族の中には個人的に図書・記録類を収集・蓄積する人たちが現れた。先に触れた石上宅嗣の芸亭はその代表例である。

芸亭とともによく知られている菅原道真の紅梅殿は書斎の色合いが強いが、これも文庫の範疇に入れて差し支えないだろう（小野前掲書、三一八頁）。道真は父・是善《これよし》から邸内の一隅を与えられてこれを書斎とし、そこに多くの図書を置いて日々勉学に励んだ。希望する者には図書を公開したため、芸亭と同様にそこから多くの優れた人材が輩出したという。

蔵書の保存

『御堂関白記』の記述から、道長は少なくとも二〇〇〇巻を越える巻子本を所有していたことがわかるが、彼は文庫を構えるには至らなかった。他にも文章博士として知られた大江家の江家《ごうけ》文庫、平安期の屈指の好学の貴族といわれながら保元の乱で兄・忠通《ただみち》と干戈《かんか》を交え、三七歳にして敗死した藤原頼長《ふじわらのよりなが》（一一二〇～一一五六）の宇治の文倉《ふみくら》などが挙げられる（岩猿前掲書、四〇〜四一頁）。

蔵書を将来に伝えることは図書館の重要な使命の一つであるが、紙の経年劣化、カビや虫による紙の劣化損傷、さらには火事による焼亡もあり、蔵書の伝承は容易なことではない。当時の文庫では紙の劣化や火災を防ぐため、さまざまな対策が取られていた。

たとえば正倉院はネズミや虫の侵入、床上浸水を防ぐ高床式の校倉造《あぜくらづくり》であり、藤原頼長の宇治の文倉は「その文庫は高さ一尺の基礎の上に基礎底から一丈一尺、東西二丈三尺、南北一丈二尺の建物を建て、南北に戸を設け、四方の壁には板張りの上に石灰を塗り、屋根は瓦葺、建物から六尺離れて柴垣を廻らし、その外に堀、その外に竹を植え廻らせ、さらにその外に普通の柴垣を設けて」災害に対する備えとした（小野則秋『日本図書館史』蘭書房、一九五二年、四八〜五一頁）。宇治の文倉は天養二（一一四五）年四月に完成したが、保元元（一一五六）年、保元の乱における頼長の敗死とともに蔵書はすべて失われたという。

†時代の変化に伴う文庫の変化

奈良朝から平安時代にかけて日本の文化は、仏教文化から貴族文化へと変化した。図書館の発展は宗教・学術・文化の発展とリンクしている。仏教については、奈良時代の仏教が天平の写経事業によって発展し、平安時代には最澄の天台宗、空海の真言宗がそれぞれの将来経典によりその教義を発展・普及させた。平安時代初期には大陸から儒学典籍がもたらされて教育・文学の基盤が整えられ、唐時代の詩文により漢文学が興隆する。さらにはかな文字を用いて女性貴族が詩歌・物語・随筆などをものし、文化をより豊かなものとした。

学術に図書は不可欠であり、図書が集まれば自ずと図書館的な施設・制度がつくられる。平安期には主要寺院や有力貴族の邸宅の一隅に文庫がつくられ、石上宅嗣や菅原道真のようにそれを広く公開する例もみられるようになった。

しかし一二世紀の後半には武士階層が台頭し、特に治承・寿永《じゆえい》の乱（源平争乱）の平重《たいらのしげ》衡《ひら》による南都焼き打ちにより興福寺に代表される南都（奈良）の仏教寺院の図書館的な施設とともに、多くの仏典等が焼失した。また安元三（一一七七）年四月の京都大火による堂塔伽藍、官庁邸宅、建築美術品、文献記録などといった文化財の焼失は平安朝文化の衰亡を象徴する出来事であり、文化・文明のステージが変わり、ここに政権の変化に伴う武士階級の台頭の萌芽を見ることができる。

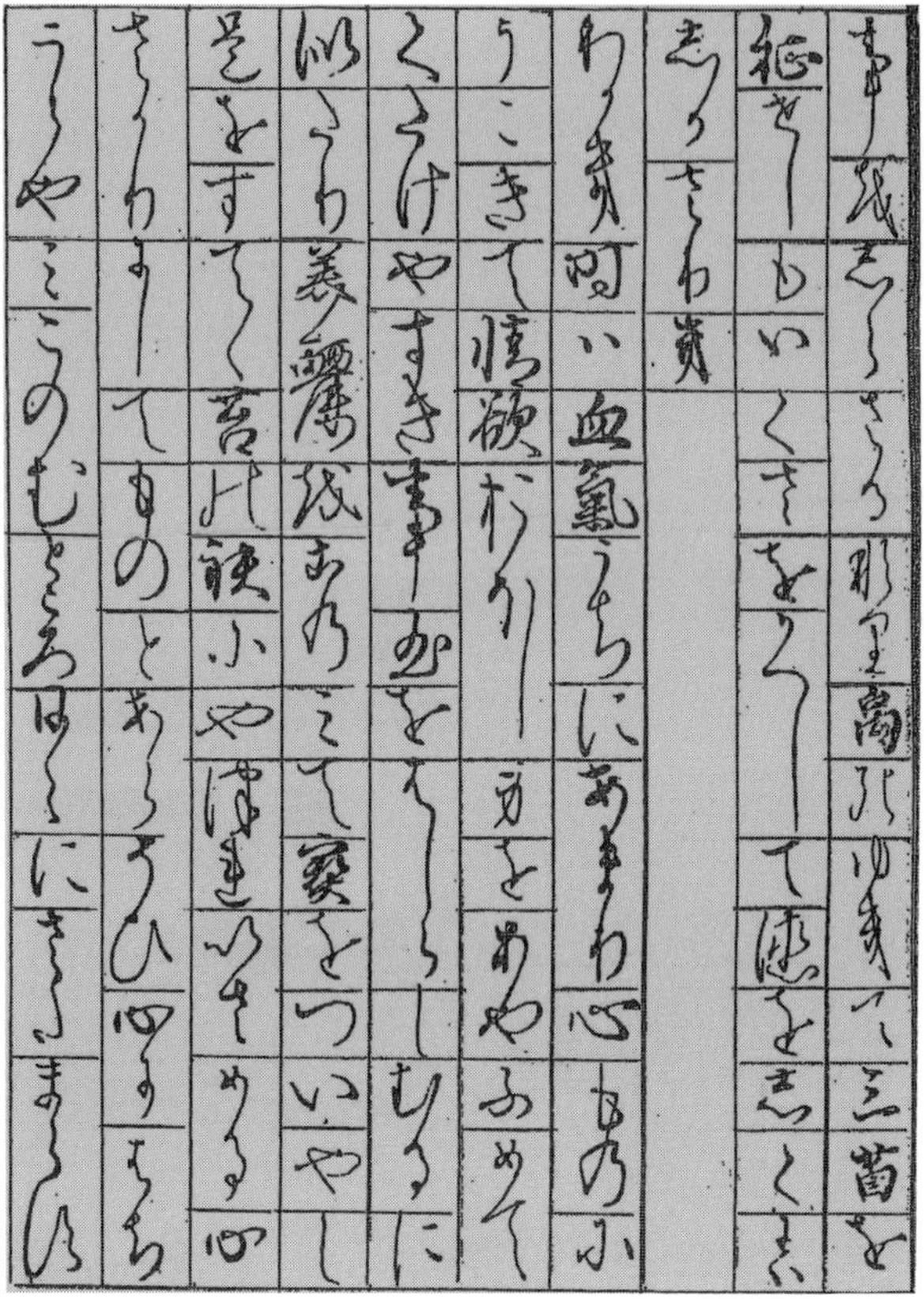

第二章

中世——武家文化における書籍公共圏

『徒然草』の嵯峨本用活字版組

1　武家文庫と教養への目覚め

†武家文化における出版とその集積としての武家文庫

一二世紀末から、武士階級がそれまでの貴族階級に代わって政治的に実権を掌握した。貴族階級に代わって統治するには教養と知識が求められ、武士階級はそのための教育を受けることになる。鎌倉幕府の中枢を担った人々はそれぞれに熱心に学習に勤しんだが、その学習の師は当初、旧支配層である京の都の貴族階級であった。やがて武士階層は仏教僧を師と仰ぐようになる。

平安仏教が国家中枢の貴族階級と深く結びついていたことの反省に基づき、改革派の僧侶たちはそれまでは比較的に接触の少なかった武家や庶民階層と積極的に交流し、宗教的な救済活動を展開した。その代表例が法然《ほうねん》（浄土宗）、親鸞《しんらん》（浄土真宗）、日蓮《にちれん》（日蓮宗）、栄《えい》西《さい》（臨済宗《りんざいしゅう》）、道元《どうげん》（曹洞宗《そうとうしゅう》）等であり、特に武士階級は臨済宗・曹洞宗の禅宗の教えを広く受け入れた。折から東アジア大陸では王朝が宋から元、元から明へと移り変わり、王朝交代期には新王朝の干渉・抑圧を嫌って日本へ来朝する高僧も多かった。特に北条時頼《ときより》

（一二一三〜一二七八）を建長寺の開山に据え、その子である北条時宗《ときむね》（一二五一〜一二八四）は自ら招いた無学祖元《むがくそげん》（一二二六〜一二八六）を円覚寺の開山に据え、教えを乞うた。

鎌倉の五山《ござん》を中心として禅宗寺院での書籍の印刷が盛んになるが、この時期には禅僧が来朝しただけでなく、元の支配下から日本に逃れてきた印刷版木の刻工《こっこう》が多数いた。この人たちの存在もあり、五山での印刷が盛んになり、五山版が出回ることになる。建武の中興、さらには室町幕府の世になると京都の五山が形成され、京・鎌倉の五山が並び称されたが、出版活動は徐々に京都の五山が中心となった。この系統から近世の慶長期に入ると京都の豪商、角倉了以《すみのくらりょうい》の私家版であり、長男で文化人であった角倉素庵《そあん》とその交友関係にあった文化人による豪華本としての嵯峨本《さがぼん》が出現する。

戦国時代末期から出版が京都鎌倉の五山だけではなく、堺をはじめ山口、島原、天草、長崎など地方でも行われるようになる。その一例がキリシタン版である。特に堺は大坂の近傍という地の利を得て、江戸期に花開く営利事業としての出版業の先駆けとなった。

†武士階級の教養の高まり

平安時代末期になると藤原氏に代表される宮廷貴族に代わって武士階級が台頭し、中でも平清盛《たいらのきよもり》に代表される平家一門はその代表格であった。清盛は海外の動向にも注目し、経済力を得るため日宋貿易に力を入れるなど先見性を見せた。その一方で政治権力の掌握のため、藤原氏の外戚政策を真似て次女の徳子《とくし》を入内させ、高倉《たかくら》天皇の中宮としてその子(親王)を安徳《あんとく》天皇としたが、一門はやがて安徳天皇ともども壇ノ浦で滅亡する。平家一門は厳島《いつくしま》神社に華麗な「平家納経《へいけのうきょう》」(『法華経』二八品、『無量義経』一巻、『観普賢経』一巻、『阿弥陀経』一巻、『般若心経《はんにゃしんぎょう》』一巻、平清盛自筆の願文《がんもん》一巻)を残した。

平家一門に代わり、台頭してきたのが源頼朝《みなもとのよりとも》(一一四七〜一一九九)を代表とする一派である。頼朝は都を捨て、武士階級の本拠地とも言える鎌倉に幕府を開き、武家による政治を志向した。

武家は統治階級にふさわしい教養・文化を身に付けることが求められた。たとえば鎌倉幕府三代将軍実朝《さねとも》(一一九二〜一二一九)は京都文化に深い関心を示し、藤原定家を師として和歌の修業に励み、『金槐和歌集《きんかいわかしゅう》』を残した。幕府の要人のみならず、武士階層の人々は都の知識人や宗教者からの教えを受け、書籍を読んで精力的に学んだ。

ここで中世日本の読書文化に注目してみよう。政治の実権が宮廷貴族から武士に移行することは、図書館的な組織・機能の設立・運営を担う者が皇族・貴族・大寺院から武士階層へと移行することを意味する。幕府の指導層はただ漫然と貴族階級から文化を受け継ぐだけでなく、積極的に学び、自らの文化を創造しようとした。そのため宋王朝が栄えていた大陸から新しく伝来した禅宗を歓迎し、宋風禅とともにその文化を受容し、書籍を収集して文化・教養の向上に努めた。

鎌倉の武士階級にも、私邸に膨大な書籍を収蔵する者があったという。金沢文庫と並ぶ有名なものとして、鎌倉幕府問注所執事・三善康信《みよしのやすのぶ》（一一四〇～一二二一）の名越文庫《なごえぶんこ》がある。三善家はもともと明法《みょうぼう》を家学とする公卿であるが、頼朝との縁で鎌倉に下り、幕府で訴訟の処理を担当して政権を支えた。三善家は鎌倉の私邸の裏に私設図書館的な書庫を設け、そこに書籍や公文書類を収蔵した。この文庫は地名にちなんで名越文庫と呼ばれている（岩猿前掲書、五五頁）。

名越文庫は承元《じょうげん》二（一二〇八）年に火災のため焼失し、その後再建されるも再び承久《じょうきゅう》三（一二二一）年に火災に遭い、その後再建されることはなかった。金沢文庫以外の書籍はすべて消失しており、鎌倉時代の武士階級の読書文化の実態は知る手がかりは少ない。

源氏将軍が絶えた後、第四代（藤原頼経《ふじわらのよりつね》）・第五代（藤原頼嗣《ふじわらのよりつぐ》）は摂家将軍（藤原家）で、六代から最後の九代までは宮将軍（都から招いた親王）が将軍職に就いた。

武士階級の間では急速に教育が普及し、識字率が上昇した。ここでは鎌倉幕府第八代執権で、元寇《げんこう》襲来という国難に対応した北条時宗を例にとって見てみよう。時宗は禅宗に帰依するなど信心深く、特に禅宗は父・時頼と交友のあった建長寺開山の蘭渓道隆に加え、南宋から来日した兀庵普寧《ごったんふねい》・大休正念《だいきゅうしょうねん》などからも教えを受けていた。蘭渓道隆が死去すると名師を招くため中国に使者を派遣し、無学祖元を招聘する。自らも祖元が開山した鎌倉の円覚寺（鎌倉市山之内）の開基となり、ここを関東祈禱所とした。

時宗をはじめとして、当時の武家は僧侶から教えを受け、禅寺に学ぶというケースが多かった。「肝要は弓馬の二なり。此《この》二道を旦夕《たんゆう》心にかけ、毎日怠るべからず」「仏神を朝夕あがめ申《もうし》、こころにかけたてまつるべし」（山田恵吾編著『日本の教育文化史を学ぶ――時代・生活・学校』ミネルヴァ書房、二〇一四年、二九頁）という家訓に見られるように、武道の修練とともに寺で文字を学び、熱心に書を読んだ。これにより武士の各階層に教育が普及し、識字率も高まった。

近代以前の日本人の識字率に関する調査・研究は少ない。リチャード・ルビンジャーは中世日本の読み書きや教育について触れており、一六世紀までに武士階級、上層農民、町場・都市の商人に読み書きが普及したと述べている（『日本人のリテラシー――1600-1900年』川村肇《はじめ》訳、柏書房、二〇〇八年）。

一六世紀の日本では仏教僧や尼僧が寺で読み書きや道徳を庶民に教えていたため、読み書きのできる日本人が非常に多かったことが昭和の戦前・戦中に明らかにされていたが、昭和戦後の日本教育史ではそういった先行研究が無視されたという（菅原正子『日本中世の学問と教育』同成社、二〇一四年、四頁）。

リテラシーは識字能力と訳されるが、読む力と書く力は異なる。一八世紀以前のヨーロッパでは読む能力が識字であったのに対し、日本では読むことに加え、書くことにも重きが置かれたという（菅原前掲書）。日本と欧州の識字能力についての認識の違いが、図書館の成立・発展の歴史にも反映されているのかもしれない。

2 鎌倉新仏教の発展と武家文化

†鎌倉新仏教の武士・庶民階級への浸透

鎌倉時代には政治的・経済的に武家が公家（貴族）を圧倒し、社会の変動は文化にも大きな影響を与えた。

この時代も依然として伝統文化の担い手は平安京とその近傍に在住する公家、南都《なんと》北嶺《ほくれい》（奈良、比叡山）をはじめとする仏教寺院であった。彼らは封建領主でもあったが、地方の武士も京都大番役《おおばんやく》（内裏《だいり》警護役）などで上京した際には伝統文化に触れ、それを自らの地元にもたらすようになった。また有力武士の援助を期待して、都から地方に下る貴族や僧侶も現れた。

守護の館のある国衙《こくが》の周辺、有力武士の居住地、交通の要所には武士や庶民の気風を反映した素朴で質実剛健な文化が育まれる一方で、日宋貿易を通じて禅宗をはじめとする新しい文化も伝わった。また北宋の衰亡に伴い、征服王朝での冷遇を嫌って遺臣・遺民や僧侶が日本に亡命し、文化の形成に大きな役割を果たした。

鎌倉幕府は宋風文化の導入に極めて積極的であった。元寇後も元と民間の往来は途絶えず、建長寺の再建費を調達するため、幕府の命を受けて正中《しょうちゅう》二（一三二五）年商人が元に建長寺船と呼ばれる貿易船を派遣した。民間の貿易船には多くの留学僧《るがくそう》が便乗し、元王朝の下で大陸文化の移入に努めた。

仏教界では国家的事業として、東大寺をはじめとする南都（奈良）の諸寺が再建される一方で、一二世紀中頃から一三世紀にかけて浄土宗、浄土真宗、時宗《じしゅう》、日蓮宗、臨済宗、曹洞宗が生まれた。これらの始祖はいずれも比叡山天台宗に学んだ経験を持つ。前四者は旧仏教の中から生まれ、後二者は大陸から新たに輸入された宗派である。

また、朱子学（宋学）をもたらしたのも禅僧であった。鎌倉新仏教六宗は成立の経緯、教えの内容がそれぞれ異なるが、旧仏教が要求する厳しい戒律や学問、寄進を必要とせず、信仰によって在家のまま救いにあずかることができると説く点で共通している。これに対して旧仏教も奈良時代に鑑真《がんじん》（六八八〜七六三）が日本に伝えた戒律の復興に力を尽くす一方で、社会事業に貢献するなど多方面での刷新に努めた。

人々は相次ぐ戦乱と飢饉に末法の世の到来を予感し、仏教に新たな救いを求めていた。その要望に応えたのが念仏と題目を主にした信心や修行のあり方、禅の教えである。山門（比叡山）で天台宗の教学を学んだ法然《ほうねん》（源空《げんくう》、一一三三〜一二一二）は承安《じょうあん》五（一一七五）年、阿弥陀仏の誓いを信じ「南無阿弥陀仏《なむあみだぶつ》」と念仏を唱えれば、死後は平等に往生できるという専修《せんじゅ》念仏の教えを説き、後に浄土宗の開祖と仰がれた。ここでは顕密《けんみつ》の修行のすべてを難行・雑行《ぞうぎょう》として退け、念仏を唱える易行《いぎょう》のみが正行《しょうぎょう》とされた（網野善彦《あみのよしひこ》『日本社会の歴史（中）』岩波新書、一九九七年）。

法然の教えは都だけではなく地方の武士や庶民にも広がり、さらには摂関家の九条兼実《くじょうかねざね》など新時代の到来に不安を持つ中央貴族にも広まった。兼実の求めに応じるかたちでその教義を記したのが『選択本願念仏集《せんちゃくほんがんねんぶつしゅう》』である。また法然は日本仏教史上初めて、一般女性にも広く布教を行った。彼は国家権力との関係を遮断し、個人救済に専念した（家永三郎『日本文化史　第二版』岩波新書、一九八二年、一二八頁）。

浄土宗の本山は京都の知恩院で、専修念仏の教えは旧仏教から激しい反発を受け、国家から厳しく弾圧された。建仁《けんにん》元（一二〇一）年に法然の門を叩いた親鸞《しんらん》（一一七三〜一二六二）は師の教えをさらに徹底させ、『教行信証《きょうぎょうしんしょう》』を著した。彼は絶対他力を唱え、阿弥陀仏を信じる心さえあればよく（信心為本《しんじんいほん》）、犯した罪を自覚する煩悩の深い者（悪人）こそ、むしろ仏が救おうとする人間であるという悪人正機説《あくにんしょうきせつ》を説き、東国の武士や農民に熱烈に受け入れられた。

呪術的な救済を超え、来世への純化された信仰を説く親鸞の教えは後に浄土真宗と呼ばれる教団を形成し、文永九（一二七二）年に大谷廟堂《びょうどう》が建立された。これは元亨元（一三二一）年に本願寺と改称され、「本願寺」の名称は元弘二（一三三二）年に鎌倉将軍守邦《もりくに》親王から、その翌年には後醍醐天皇の皇子護良《もりよし》親王からそれぞれ令旨《りょうじ》を得た。

鎌倉時代中期に「遊行上人《ゆぎょうしょうにん》」と呼ばれた一遍《いっぺん》（一二三九〜一二八九）は、熊野権現の神託により念仏の信仰を深めた。彼は身分の上下や貴賤の別を問わず、万人は阿弥陀仏によって救われ、その喜びは念仏によって表されるべきと説いた。そして北は陸奥国から南は薩摩国・大隅国に至るまで諸国を遍歴し、「南無阿弥陀仏決定《けつじょう》往生六十万人」と刷られた札を配り、阿弥陀仏への感謝を踊りで表現する踊念仏《おどりねんぶつ》を通じて民衆や武士に教えを広めた。時宗は当初、その場に居合わせた人がつくる集団という意味で「時衆《じしゅう》」と呼ばれた。一遍は生前、自らの著作をすべて焼いたが、死後、弟子たちが『一遍上人語録』としてその教義をまとめた。

一遍の没後、他阿弥陀仏（真教）が現れ、遍歴を続けながら時衆をまとめたが、その後は他阿弥陀仏の直系（遊行派）と奥谷派、六条派、四条派、一向派など諸派の間で様々な確執や緊張を伴いつつ教団が確立されていった。当時、一遍や他阿弥陀仏と同様に各地を遍歴する聖《ひじり》が多数いて、教えを広めていた。時宗の本山は神奈川県藤沢市の清浄光寺《しょうじょうこうじ》（俗称・遊行寺《ゆぎょうじ》）である。

†禅宗の伝来と発展

禅の教えは宋の上流階級の間に広まっていた。禅そのものは日本には奈良時代にすでに伝わっていたが、宋での禅宗の隆盛により平安末期以降、改めて注目されるようになった。栄西《えいさい》（一一四一〜一二一五）より少し前に現れた大日房能忍《だいにちぼうのうにん》は日本で最も早く禅宗を確立しようとした僧で、その活動は当時の社会に大きな影響を与えたが、彼が開いた日本達磨宗《だるま》は多くの人々に教義を広める過程で中心を失ってしまった（石井進『日本の歴史7　鎌倉幕府』中公文庫、二〇〇四年）。

それに対し、宋へ渡って禅を学んだ栄西は帰国後に『興禅護国論《こうぜんごこくろん》』を著し、臨済宗を日本に紹介した。そしてその後、渡宋した僧や来日した宋・元の禅僧の活躍によって臨済禅が広まった。臨済禅は坐禅を組む中で、師から与えられる禅問答（公案《こうあん》）に答えることで悟りの境地に達しようという教えで、歴代の北条氏もこれを保護した。栄西が目指したのは顕教・密教に禅を加え、これを柱として仏教を総合することであり、彼自身は禅僧であると同時に密教僧でもあった。

これにより臨済禅は王朝国家たる朝廷、ならびに王朝国家から独立し、東国国家を目指す幕府が保護した。京都の建仁寺は建仁二（一二〇二）年、二代将軍源頼家《みなもとのよりいえ》の保護の下、栄西によって開かれた禅寺であり、臨済宗の総本山となっている。

栄西の没後も大陸の臨済禅との交流は活発で、渡宋した円爾《えんに》（聖一国師《しょういちこくし》）は帰国後、九《く》条道家《じょうみちいえ》の帰依で京都に東福寺《とうふくじ》を建て、その弟子である無関普門《むかんふもん》は亀山上皇の帰依で南禅寺《なんぜんじ》を開いた。鎌倉末期の宗峰妙超《しゅうほうみょうちょう》（大燈国師《だいとうこくし》）は大徳寺《だいとくじ》、その弟子の関山慧玄《かんざんえげん》は妙心寺《みょうしんじ》を開創するなど、臨済宗は京都の公家や上流武士の間に広まった。

一方、関東の鎌倉では先に述べたように北条時頼が建長寺を建て、宋から来朝した蘭渓道隆を開山（初代住持）とし、息子である北条時宗は宋から無学祖元を招いて参禅し、円覚寺を建てて無学祖元を初代住持とした。時宗の子である北条貞時《さだとき》（一二七一～一三一一）は元出身の渡来僧一山一寧《いっさんいちねい》（一二四七～一三一七）に帰依し、一山の門下からは最初の日本仏教史とされている『元亨釈書《げんこうしゃくしょ》』を著した虎関師錬《こかんしれん》、五山文学最盛期の中心を担った雪村《せっそん》友梅《ゆうばい》が出た。竺仙梵僊《じくせんぼんせん》は元徳元（一三二九）年に渡来した元の僧で、一山一寧と同様に日本の禅宗文化を創始した一人とされている（村井章介「国際社会としての中世禅林」『アジア理解講座4　日韓中の交流』山川出版社、二〇〇四年）。これ以外にも大陸からは多くの禅僧が渡来した。

一方で宋より曹洞宗を伝えた道元（一二〇〇～一二五三）は土御門通親《つちみかどみちちか》の子息でありながら、帰国後は世俗的な権勢を拒否して都を離れた。彼は波多野義重《はたのよししげ》の招きに応じて越前国に向かい、永平寺で坐禅中心の厳しい修行（只管打坐《しかんたざ》）と弟子の育成に努めた。漢文ではなく国文で記された主著『正法眼蔵《しょうぼうげんぞう》』の存在論や時間論、言語論は現代においても注目されている。道元は師である如浄《にょじょう》の教えに従って権勢から離れ、世俗化した当時の仏教を厳しく批判し、仏陀本来の精神に立ち帰ることを唱えており、これもまた仏教の純化を指向するものであった（網野前掲書）。坐禅の修行自体が悟りであるという修証一等《しゅしょういっとう》を唱えた曹洞禅は、地方武士の間に広まっていった。

禅宗のみならず律宗《りつしゅう》や時宗なども含めて、この時代の遁世僧は顕密諸宗の官僧と比べて諸国間を移動することが多かったという（原田正俊「中世における禅宗の展開と地域社会」『歴史と地理』六二七号、山川出版社、二〇〇九年九月）。

†朱子学の到来

南宋の朱熹《しゆき》によって始められた朱子学は日本では宋学と称され、正治元（一一九九）年に入宋した俊芿《しゆんじよう》が儒教の典籍二五〇巻を日本に持ち帰ったのが始まりとされる。それ以来、渡宋した円爾弁円《えんにべんねん》や中巌円月《ちゆうがんえんげつ》ら禅僧によって広められ、正安元（一二九九）年に来日した一山一寧がもたらした注釈によって学理が完成されたといわれる。南北朝時代の天台宗の僧・玄恵《げんえ》は朱子学に通じ、後醍醐天皇の側近に仕え、その大義名分論は天皇の討幕計画や建武新政に大きな影響を与えた。

†武家文化の興隆

これまで述べてきたような動向に伴い、武家特有の文化が徐々に形成されていった。たとえば戦陣に備えた犬追物《いぬおうもの》、流鏑馬《やぶさめ》、笠懸《かさがけ》の修練は「騎射三物《きしやみつもの》」として重視されていたが、王朝国家の武人の儀式も採り入れて「弓馬の道」として体系化が進み、室町時代に至って礼の思想その他と融合して武家故実《こじつ》の一部となった。狩猟行為であると同時に軍事演習の意味合いを持つ巻狩《まきがり》は山の神を祭る聖なる行事であり、富士野・那須野におけるものが有名である（入間田宣夫《いるまだのぶお》『集英社版日本の歴史7　武者の世に』集英社、一九九一年）。さらに工芸の分野でも、甲冑や刀剣の名品がつくられている。

武士の子弟に対する教戒《きょうかい》は後に武家の家訓へと発展し、北条重時《しげとき》家訓（極楽寺殿御消息《ごくらくじどのごしょうそく》）、金沢実時《かなざわさねとき》教戒などが著名である。武家文書の中に多数残り、今に伝えられる置文《おきぶみ》にも同様の内容が記されている。

また武家の学問への関心も高まり、北条実時（金沢実時、一二二四～一二七六）は鎌倉の外港として繁栄した武州久良岐郡六浦《くらきぐんむつら》の金沢《かねざわ》の地（現在の横浜市金沢《かなざわ》区）に金沢《かねざわ》〔かなざわ〕文庫（称名寺《しょうみょうじ》文庫とも）をつくり、和漢の多くの書籍を集めた。金沢氏は幕府と運命をともにしたが、文庫は鎌倉から遠く離れていたため戦火による蔵書の被害はなく、その後は金沢氏の菩提寺であった称名寺が管理をすることになった。そのため、蔵書のかなりの部分が今日まで伝わっている。収蔵された主な書籍は古鈔本《こしょうほん》、宋版、元版で、『群書治要《ぐんしょちよう》』『春秋左氏伝』『尚書正義《しょうしょせいぎ》』『律』『令』『論語正義』『春秋正義』『文選《もんぜん》』『白氏文集《はくしもんじゅう》』などがある。

室町時代に入ると公家に代わって武家が古典文化の保存に取り組み（家永前掲書）、鎌倉幕府の歴史書『吾妻鏡《あずまかがみ》』も幕府によって編まれた。これによると承久の乱の際、五〇〇〇人を超える武士の中で唯一、後鳥羽《ごとば》上皇の院宣を読むことができた藤田三郎は「文博士《ふみのはかせ》」と称され、珍しがられたという（入間田前掲書）。しかし武家政権の成立に伴い、武士階級は文化を享受する立場となり、新しい文化が創造された。この時代の仏教が新仏教・旧仏教ともに穢《けが》れ多き者の救済を掲げたことも、武士階級の地位向上と深い関わりがある。

†高まる学問・文学への関心

先に述べたような諸文化の発展とともに、日本の古典研究（和学）も見直されるようになった。卜部兼方《うらべのかねかた》は『日本書紀』の民間初の注釈書である『釈日本紀《しゃくにほんぎ》』を著し、鎌倉の僧・仙覚《せんがく》は『万葉集』の諸本を校訂して注釈書『万葉集註釈』（別名『仙覚抄《せんがくしょう》』）を著し、源《みなもとの》光行《みつゆき》・源《みなもとの》親行《ちかゆき》父子は『源氏物語』の注釈書『水原抄《すいげんしょう》』を著した。

執権政治の下で合議制に参加する武士たちはやがて内外の文化や学問に関心を抱くようになり、幕府の歴史を編年体で記した歴史書『吾妻鏡』（近世以降は『東鑑』とも）が編纂された。治承四（一一八〇）年の源頼政《よりまさ》の挙兵から文永三（一二六六）年の宗尊《むねたか》親王（鎌倉幕府第六代将軍。皇族で初めての征夷大将軍）の京都送還までを記述している。完本として残るものがなく吉川《きっかわ》本、北条本、前田本など諸本があり、明治になってから歴史学者の黒板勝美《くろいたかつみ》（一八七四〜一九四六）が北条本を底本として国史大系本を編んだ。これは鎌倉時代の政治史を知る上での根本史料となっている。

また、鎌倉時代の史論書として名高いのが天台座主《ざす》で九条兼実の弟、『新古今和歌集』の歌人でもあった慈円《じえん》（一一五五〜一二二五）の『愚管抄《ぐかんしょう》』である。慈円は歴史の瞬間に身を置きながら、人間の理解を超えた歴史の不思議さが歴史を動かす力となっていることを「道理」という概念で表現している（大隅和雄「愚管抄」『朝日百科日本の歴史4　中世Ⅰ』朝日新聞社、一九八九年）。そして、公家社会の人々には理解し得ない「武者ノ世」の出現を道理と考え、幕府と協調するよう説いた。

鎌倉時代は武家の地位向上とともに軍記物が隆盛する一方で、公家はそれに対抗して伝統の集大成を指向し、藤原定家など五名の撰になる『新古今和歌集』、西行《さいぎょう》の『山家集《さんかしゅう》』、源実朝の『金槐和歌集』など優れた和歌集が現れた。勅撰和歌集（二十一代集）のうちの『新勅撰和歌集』から『新続古今和歌集』に至るいわゆる十三代集は鎌倉・室町の世に撰《せん》集《じゅう》された。

また『平家物語』冒頭の「祇園精舎《ぎおんしょうじゃ》の鐘の声、諸行無常《しょぎょうむじょう》の響きあり」のように、無常観を表現する文学も現れ、鴨長明《かものちょうめい》の『方丈記《ほうじょうき》』や西行の『山家集』もその所産といえる。卜《うら》部《べ》兼好《けんこう》の『徒然草《つれづれぐさ》』にも無常観はみられるが、長明よりも兼好のほうが現世との距離が近い。先に述べた慈円の『愚管抄』もまた、歴史の移りかわりに無常を見た著作である。

隠棲した人に優れた作が多いのもこの時代の特徴である。公家によるものの多くが創造性・写実性を欠いていたのに対し、隠者はより自由かつ客観的な批判精神を持ち、武士の台頭に一定の理解を示していた（吉田精一「鎌倉時代と文学」『日本歴史シリーズ6　鎌倉武士』世界文化社、一九七一年）。

†軍記物の隆盛と歴史書

鎌倉時代に入ってからも王朝文化を懐かしみ、多くの物語がつくられた。物語文学の伝統を受け継ぐものとしては擬古《ぎこ》物語がある。これは『源氏物語』など王朝時代の物語に擬して作られたもので、藤原定家作とされる『松浦宮《まつらのみや》物語』、平安時代の『落窪物語』の系譜を引く継子いじめの物語『住吉物語』などが知られる。

また、この時代の特徴を示すものとして軍記物があり、これは漢語や仏語、俗語、特に武士ことばを交えた力強く簡潔な和漢混淆《わかんこんこう》文で綴られた。従来の漢文体の合戦記にはない躍動感があり、武士の活躍ぶりが生き生きと描かれており、保元の乱を題材とする『保元物語』、平治の乱を描いた『平治物語』などが知られる。前者は鎮西八郎源為朝《ちんぜいはちろうみなもとのためとも》、後者は悪源太源義平《あくげんたみなもとのよしひら》を主人公とし、その悲壮な武運を描いている。

中でも特に傑作とされるのが『平家物語』である。これは治承・寿永の乱を中心として平氏の興亡をテーマとしており、勇壮華麗な場面を織り込みながらも無常観が貫かれている。卜部兼好は『徒然草』で、『平家物語』の作者を遁世して慈円のもとにいた信濃前司《しなののぜんじ》行長《ゆきなが》としており、東国出身の盲目の僧に語らせたのが始まりと伝えている。これは語り物・唄であり、七五調で韻を踏んでいる。その内容からは複数の作者が想定され、異本も多い。盲目の琵琶法師によって平曲（平家琵琶）として語り広められ、文字の読めない人々にも親しまれた。

『平家物語』は平清盛・木曽《きそ》義仲《よしなか》ら個性的な武士像や運命に翻弄される女たちの悲哀などを描いており、合戦場面のきびきびとした簡潔な文体、女性の哀話における叙情的な和文体など多様な文体が駆使されている。続編の『源平盛衰記《じょうすいき》』は『平家物語』読み本系の写本中の一異本と考えられ、異説・異伝も載せるなど一種の史書としての体裁をとっている（山本吉左右《きちぞう》「平家物語——中世世界の発見」野上毅編『朝日百科日本の歴史4　中世Ⅰ』朝日新聞社、一九八九年、一五二〜一六四頁）。他に戦乱に取材したものとしては承久の乱を描いた『承久記《じょうきゅうき》』がある。

また歴史書として、平安時代の『大鏡《おおかがみ》』『今鏡《いまかがみ》』を受けて『水鏡《みずかがみ》』が著されている。これはいわゆる「四鏡《しきょう》」（平安時代後期から室町時代前期までに成立した鏡物《かがみもの》、つまり『大鏡』『今鏡』『水鏡』『増鏡《ますかがみ》』を指す）の第三にあたるが、叙述の対象は『大鏡』より前、神武《じんむ》天皇から仁明《にんみょう》天皇までの治世五四代の事績である。筆者は公家の中山忠親《なかやまただちか》とされており、長谷寺に参籠した老女が、その夜に出会った修験者が語った不思議な体験を書き記すという体裁をとっている。史実は『扶桑略記《ふそうりゃくき》』をもとに編年体で叙述され、仏教思想の影響が強いとされている。

3　五山文化

†五山文学と出版文化

中世日本では禅文化が盛んになるにつれて漢文学としての五山文学が興隆し、それに付随する形で出版文化が生じた。その多くは日本に伝来した宋版や元版（宋元版）を底本として復刻されたものであったため、木版印刷の古様を伝えるものが多く、書誌学的な資料価値が高い。

現存する世界最古の印刷物は奈良時代に制作された「百万塔陀羅尼《ひゃくまんとうだらに》」（七七〇年）とされているが、日本の寺社では新たに創建された寺の経蔵に仏教経典が収められるような場合、ごく少数印刷されるのみであった。外典《がいてん》と称された漢詩文や物語などを含む一般文学作品はもっぱら書写され、印刷されるにしても木版の整版印刷で少部数が主であり、木版の整版印刷が盛んになるのは鎌倉期以降である。

鎌倉時代の末頃から北条氏は南宋に倣って五山制度を導入し、鎌倉の寺院を中心とする五山を選定した。その構成は定かではないが、京都の寺院では建仁寺がそれに含まれていたとされている。鎌倉時代後期に後醍醐天皇は討幕運動を起こし、幕府滅亡後に建武の新政が開始されると、五山も南禅寺と大徳寺を筆頭とする京都本位に改められた。

足利尊氏《あしかがたかうじ》（一三〇五～一三五八）が建武政権から離れて南北朝時代になると、尊氏や弟の足利直義《ただよし》は禅宗を信仰したため、五山も足利将軍家が帰依していた夢窓疎石《むそうそせき》（一二七五～一三五一）が中心となり、京都の寺院から新たに制定された。数回の選定変更があったが、室町時代の至徳三（一三八六）年に三代将軍・足利義満《よしみつ》（一三五八～一四〇八）が相国寺《しょうこくじ》を創建した後、五山を京都五山と鎌倉五山に分割し、両五山の上に別格として南禅寺を置くという改革が行われた。また寺社の統制を行い、幕府は宗教界においても権威を示した。

春屋妙葩《しゅんおくみょうは》や義堂周信《ぎどうしゅうしん》らの五山僧は中国文化に通じ、義満が日明《にちみん》貿易（勘合《かんごう》貿易）を行う際には外交顧問的な役割を果たした。

†寺院文庫の発達と学芸の普及

中世の仏教は宋の新たな仏教を吸収し、禅宗、日蓮宗等の新宗派が興隆した。これにより新たな仏典が移入され、開版《かいはん》により寺院文庫が発達した。文庫の蔵書は漢籍が中心で、そうした状況は室町時代まで続く。上代の文庫は国家鎮護の道場としての寺院、あるいは公卿を中心として発展したのに対し、中世の文庫は武士を中心とし、なおかつ新教学研究に熱意を注いだ僧侶階級の間で発達した（小野前掲書、四二〇頁）。

また、中世は学芸が普及した時代でもあった。まず文学においてはお伽草紙、伝記小説、童話、説話物語等が現れ、そのほかに連歌《れんが》や小歌、謡曲、狂言、幸若舞《こうわかまい》、田楽《でんがく》、猿楽《さるがく》、平家琵琶、浄瑠璃《じょうるり》、念仏踊、盆踊などが発達した。

教育も徐々に平民層にまで普及し、読書も盛んとなったが、整版印刷は依然として仏典、経書を主としていたため、一般書は書写が主であった。中世の文庫の大きな特徴は宋版の輸入、開版事業により多くの新刊が蔵書に加わったことである。上代の文庫が個人的に営まれていたのに対し、中世の文庫は社会的な意図のもとで営まれ、蔵書は写本主体から版本主体への過渡期であった。

†五山の出版から嵯峨本へ

ここで五山における製版活動について触れておきたい。奈良時代の仏教は鎮護国家の宗教として政治権力と結びつき、平安時代は貴族階級の個人的な招福、極楽往生のためのものであったが、鎌倉時代になると民衆の信仰に支えられた新仏教が起こった。新仏教は天台宗から出た法然や親鸞による浄土教、日蓮による法華経を重視する日蓮宗として広まった。（岩猿前掲書、四六～四八頁）。

さらに一三世紀（鎌倉時代）には禅宗が公式に伝わり、臨済宗・曹洞宗が広まった。臨済宗は中国の南宋に渡った栄西が日本に請来したことから始まるとされている。また曹洞宗も道元が中国に渡り、印可《いんか》を得て日本に帰国したことに始まるが、それ以前に大日房能忍が多武峰《とうのみね》で達磨宗《だるましゅう》（日本達磨宗）を開いていたことが知られる。曹洞宗の懐鑑《かいかん》、義介《ぎかい》らは元の達磨宗の僧侶であったため大陸の影響をより強く受けているが、鎌倉期以後、これは武士や庶民などを中心に広まった。各地に禅寺（禅宗寺院・禅林《ぜんりん》）が建てられ、五山文学や水墨画など文化芸術活動が盛んとなった。

鎌倉の寺社では創建からしばらくの間、建長寺や円覚寺の住職には蘭渓道隆や無学祖元などの来日僧が着任し、本場の禅を教えてもらえるということで日本の僧が殺到したという。ここにはまさに「天下《てんか》禅林《ぜんりん》（人材を広く天下に求め、育成する禅寺）」があった。

また、鎌倉では来日僧の語録が出版されるようになり、禅の入門書を求める鎌倉武士が増えたことで禅宗関係の寺院による出版活動が活発化し、日本の出版の夜明けがやってくる。臨済宗によるこうした出版物は「五山版《ござんばん》」と呼ばれている。

臨済宗の中でも特に出版に積極的だったのは京都五山・天龍寺を本拠地とした夢窓疎石の一派で、疎石の弟子である春屋妙葩（一三一一～一三八八）は朝廷や幕府の支援を受けて出版活動を推進した。その代表作が夢窓疎石と足利直義との対談集『夢中問答集《むちゅうもんどうしゅう》』である。

この時期に日本で出版が盛んになったことには中国大陸の情勢が関係している。元が滅び、明が建国された一三七〇年頃、大陸から多くの刻工が都（京都）に来住した。これ以前からも刻工の来住はあり、禅籍の開版に関わっていたが、この時期に来朝した刻工は春屋妙葩などの開版事業を助けたといわれている（岩猿前掲書、六四頁）。それまでの開版事業は貴族や寺院関係者が有力者の経済的な後援を得るか、あるいは広く一般に募縁《ぼえん》（寺社への寄付）していたため、書籍の売れ行きに関心を寄せることはなかった。よって、ここで営利を目指す出版（開版）事業が始まったことは画期的な動きである。

商業出版の嚆矢といわれる泉州・堺の出版から影響を受けつつ、応仁の乱が終息した京都では嵯峨本という古活字本が出現した。一六世紀末、キリシタン版の影響や朝鮮半島を通じて活版印刷術が伝わったことにより、日本でも印刷が盛んとなった。嵯峨本が生まれた背景には裕福な商人、五山版以来の職人、読者の存在がある。藤原惺窩《せいか》ら儒学者とも交友を持った角倉素庵《すみのくらそあん》（了以の子、一五七一～一六三二）は本阿弥光悦《ほんあみこうえつ》、俵屋宗達《たわらやそうたつ》らの協力のもとでこれを出版した。

嵯峨本は日本の出版史上、最も美しい書物とされている。文字の流麗さと表紙や料紙に刷られた雲母《うんも》模様が大きな特徴で、一種の美術的芸術作品でもある。漢文の書物が中心であった時代に、挿絵入り平仮名主体の活字印刷で、『源氏物語』や『徒然草』のような国書（和書）が刊行された。嵯峨本は一部の知識人の専有物であった古典文学を幅広い人々に広め、仮名交じり本の出版を促進し、絵本作家が生まれるきっかけとなるなど大きな役割を果たした。嵯峨本によって読者人口が増え、近世文学が大きく飛躍したとも考えられる。

内容は古典文学が主で『伊勢物語』『徒然草』『方丈記』のほか、謡本《うたいぼん》が残されている。なお、『源氏物語』の嵯峨本と伝えられるものについては疑義があるため、『伝《でん》嵯峨本《さがぼん》源氏物語』と呼ばれている。

嵯峨本の文字体は光悦風で、活字は一文字一活字を基本としながらも二字・三字・四字といった連続した文字で一活字を作り、それらの組み合わせによって刷られた。『伊勢物語』では約二一〇〇個の活字が作られ、一度しか使わない活字が全体の一六％に及ぶなど制作に手間がかかった。繰り返し版を重ねるには木版印刷のほうが容易であることからやがて木活字は衰退し、木版の整版印刷に戻ることになる。

4　武家社会における書籍公共圏——金沢文庫・足利学校

†本朝書籍目録

日本の中世における書籍公共圏をメタデータで示しているものに本朝書籍目録《ほんちようしよじやくもくろく》がある。この目録は日本最古の国書（和書の意）の伝存目録で編者不詳、建治三（一二七七）年〜永仁二（一二九四）年頃の成立と推定されている。収録書数は四九三部で、その三分の一のみが伝存するという。神事以下、全体を二〇項目に分類して書名・巻数を記し、撰者や簡単な注記を加えている。国書（和書）を対象とするため漢籍、仏典、歌書は除かれており、漢籍を対象とした勅撰の『日本国見在書目録』の一五七九部に対し、収録書数は極端に少ない。

岩猿敏生はこの目録における最大の項目が「政要」で八四部、それに「詩歌」六五部、「仮名」五四部と続くことに着目し、「京都の貴族階級（本目録の編者と目される・著者注）が、文化面では依然として和歌、詩歌の面に強い関心を示すとともに、承久の乱（一二二一年）で武士政権に大敗しても、なお政要の面にかなりの関心を持ち続けていたことを、この目録は示しているのかも知れない」としている（岩猿前掲書、五九頁）。

和書の公共圏については、近世の初めまで大きな変化はなかったと考えられており、メタデータによりこれを記述する試みは、江戸期の出版活動における大変革を経て、江戸の中期から後期のかけての塙保己一《はなわほきいち》による『群書類従《ぐんしょるいじゅう》』に引き継がれていくことになる。

†金沢文庫

中世の武家文化を代表する図書館的な施設としては金沢《かねざわ》〔かなざわ〕文庫、足利学校が広く知られている。先にも触れた金沢文庫は北条（金沢《かねざわ》）実時の蔵書を母体とし、顕時《あきとき》、貞顕《さだあき》、貞将《さだゆき》の代に拡充された。儒書には黒印、仏書には朱印を捺してその蔵書であることを明らかにしたという。鎌倉幕府の北条氏および諸将士の子弟はここで学習し、学校の機能を兼ね備えることになったが、鎌倉幕府の衰退とともに文庫も衰退した。

鎌倉幕府が滅亡したとき、鎌倉は市街戦の被害を受け、焼亡した文化財も多かったが、金沢文庫は鎌倉からは離れていたため被害はほとんどなく、蔵書の管理は称名寺に引き継がれた。その後、足利幕府の下で関東管領の上杉憲実《うえすぎのりざね》が復興に力を尽くしたといわれるが、権力者のもとを離れて一寺院の管理下に置かれたことにより施設等が荒廃し、さらには蔵書も各方面の権力者に持ち出され、散逸するものも少なくなかった。徳川家康が持ち出した蔵書も多く、現在、国立公文書館内閣文庫、宮内庁書《しょ》陵部《りょうぶ》、蓬左《ほうさ》文庫などに所蔵されている。

ここで各所に残る「金沢文庫本」を概観する。文庫印があるもののほか、文庫印がなくても実時、貞顕らの奥書《おくがき》がある写本を示す。

称名寺境内

【漢籍】

まず儒教の経典としては『尚書正義』『春秋経伝集解《しゅんじゅうけいでんしっかい》』（宮内庁書陵部）、『周易《しゅうえき》正義』（徳川ミュージアム彰考館《しょうこうかん》文庫）、『礼記正義』（久遠寺《くおんじ》）などが挙げられる。「上杉憲実寄進」と奥書のある宋版本『周易注疏《ちゅうそ》』『尚書正義』『礼記正義』などが足利学校に所蔵されており、文庫印はないが金沢文庫本の可能性がある。

歴史書は『唐書《とうじょ》』（東京国立博物館）、『南史《なんし》』（金沢文庫）、『貞観政要《じょうがんせいよう》』（宮内庁書陵部、五島《ごとう》美術館）など、兵学書は『施氏七書講義《せしちしょこうぎ》』（彰考館文庫ほか）、農業書は『斉民要術《せいみんようじゅつ》』（蓬左文庫）、医学書は『諸病源候論《しょびょうげんこうろん》』『外台秘要方《げだいひようほう》』（宮内庁書陵部）、『太平聖恵方《たいへいせいけいほう》』（蓬左文庫）など、詩文集は『文選集註《しゅうちゅう》』（金沢文庫）、『文選』（足利学校）、『白氏文集』（三井文庫、国立歴史民俗博物館、天理図書館）、類書は『太平御覧《たいへいぎょらん》』（宮内庁書陵部）などが挙げられる。

【国書（和書）】

歴史書は『続日本紀』（蓬左文庫）、『栄花《えいが》物語目録』（尊経閣《そんけいかく》文庫）などが挙げられる。なお『吾妻鏡』北条本（国立公文書館）は金沢文庫本系の古写本とされ、後北条氏から黒田氏を経て徳川家に伝えられたものである（紅葉山文庫旧蔵）。

また法令書は『律（養老律）』『令義解《りょうのぎげ》』『令集解』（国立公文書館）、『類聚三代格《るいじゅうさんだいきゃく》』（東《ひがし》山御《やまご》文庫《ぶんこ》）、『政事要略《せいじようりやく》』（尊経閣文庫）、朝廷関係では『西宮記《さいきゅうき》』（尊経閣文庫）、『侍中群要《じちゅうぐんよう》』（蓬左文庫）などが挙げられる。

文学においては漢詩では『本朝続文粋《ほんちょうぞくもんずい》』（国立公文書館）など、物語では『源氏物語』（蓬左文庫）などが挙げられる。

そのほか『古語拾遺《こごしゅうい》』『音律通致章《おんりつつうちしょう》』（尊経閣文庫）、『日本書紀』神代巻（徳川ミュージアム）のように、奥書から称名寺の僧が筆記したことが明らかであるが、金沢文庫本に分類されているものもある。

金沢文庫は伊藤博文《ひろぶみ》らの尽力によって称名寺の塔頭大宝院の境内（仁王門の東南方向）に金沢文庫書見所と石蔵が建てられたが十分な運営はできず、大正一二（一九二三）年に発生した関東大震災によって損壊した。昭和になると御大典《ごたいてん》記念事業の一環として鉄筋コンクリート造二階建て、和風デザインの施設が称名寺阿字《あじ》ヶ池の西側に建てられることになり、昭和五（一九三〇）年八月九日、図書館令に基づき、神奈川県の運営する最初の県立図書館である神奈川県立金沢文庫として復興した。昭和八（一九三三）年に図書館令が改正され、公立図書館のうち一館を中央図書館に指定することになると、唯一の県立図書館であった金沢文庫が神奈川県の中央図書館の役割を果たすことになった。

戦後、昭和二九（一九五四）年に神奈川県立図書館が設置されたことにより、金沢文庫は昭和三〇（一九五五）年から登録博物館となったが、施設の老朽化に伴い、史跡である境内整備のため社会教育会館（旧昭和塾）跡地に移転することになり、平成二（一九九〇）年に現在の施設が完成した。

現在の県立金沢文庫は称名寺が所有する国宝および鎌倉時代のものを中心とした重要文化財を含む所蔵品を保管し、展示・公開する歴史博物館となっている。金沢文庫の活動については記録が十分に残されておらず、詳細不明な点が惜しまれるが、金沢文庫に言及する論考は多数ある。

†足利学校

足利学校の創設時期については平安時代初期にまで遡るという説もあるが、これは長らく論争の種となっている。初代鎌倉公方《くぼう》・足利基氏《もとうじ》（一三四〇〜一三六七）によって再興され、室町時代前期には衰退していたが、永享四（一四三二）年、上杉憲実（一四一〇〜一四六六）が足利の領主になって自ら再興に力を尽くし、鎌倉円覚寺の僧・快元《かいげん》（生年不詳〜一四六九）を能化《のうげ》として招いたり、蔵書を寄贈したりして学校を盛り上げた。「能化」とは校長に相当する責任者で、江戸時代以降は「庠主《しょうしゅ》」と呼ばれる。これにより北は奥羽、南は琉球に至る全国から学生が集まり、代々の庠主（能化）も各地の出身者に引き継がれていった。

上杉憲実は文安四（一四四七）年に足利荘《あしかがのしょう》および足利学校に対して、三カ条の規定を定めた。この中で、足利学校で教えるべき学問は三註（後晋の李瀚《りかん》による『蒙求《もうぎゅう》』の註、南宋の胡《こ》元質《げんしつ》による胡曽《こそ》詩（唐の詩人・胡曽の漢詩）の註、後梁の李暹《りせん》による『千字文』の註）・四書・六経（五経に『孝経』を加えたもの）・列子《れつし》・荘子・史記・文選のみとし、仏教の経典については叢林や寺院で学ぶべきであると述べている。教員は禅僧など僧侶であったが、教育内容からは仏教色を排したところに特色がある。

教育の中心は儒学であったが、快元が『易経《えききよう》』のみならず実際の易学《えきがく》にも精通していたことから、易学を学ぶために足利学校を訪れる者が多く、兵学、医学なども教えた。戦国時代には足利学校の出身者が易学等の実践的な学問を身に付け、戦国武将に仕えることがしばしばあったという。学費は無料で、学生《がくしよう》は入学すると同時に僧籍に入った。学寮はなく近在の民家に寄宿し、学校の敷地内で自分たちが食べるための菜園を営んでいた。構内には菜園の他に薬草園もあったという。

享禄年間（一五三〇年頃）には火災で一時的に衰微したが、第七代庠主・九華《きゆうか》が北条氏政《うじまさ》の保護を受けて再興し、学生数は三〇〇〇人にのぼり最盛期を迎えた。フランシスコ・ザビエルは足利学校について「日本国中最も大にして最も有名な坂東のアカデミー（坂東の大学）」と記し、その名は遠くローマにまで伝えられた。ザビエルは学校の詳細についても、「国内に一一ある大学およびアカデミーのうち最大のものが足利学校アカデミーで、寺院の建物を校舎として利用し、本堂には千手観音の像がある。本堂の他に別途、孔子廟が設けられている」と記している。

天正一八（一五九〇）年、豊臣秀吉（一五三七～一五九八）による小田原征伐の結果、後北条氏と足利長尾氏が滅び、足利学校は庇護者を失うことになった。学校の財源であった所領が奪われ、古典籍を愛した豊臣秀次《ひでつぐ》によって蔵書の一部が京都に持ち出されそうになったが、当時の第九代庠主・三要《さんよう》は関東の新領主である徳川家康に近侍して信任を受け、家康の保護を得て足利学校を守り通した。

江戸時代に入ると、足利学校は一〇〇石の所領を寄進され、毎年初めにその年の吉凶を占った年筮《ねんぜい》を幕府に提出することになった。また、八代将軍吉宗からも学校の運営につき規則、組織の整備をはじめとする様々な支援を得た。さらには、たびたび異動があった足利の領主たちからも保護を受け、足利近郊の人々が学ぶ郷学として二度目の最盛期を迎えた。当時の蔵書は一万六〇〇〇余冊と伝えられているが、その中心は国書、漢書、仏書であり、医書等はごくわずかであったといわれる（阿部弘蔵《こうぞう》「浅草文庫」『学鐙』第七年第一一号、一九〇三年）。

しかしその後、京都から関東に伝えられた朱子学の官学化により、易学中心の足利学校の学問は時代遅れになり、また平和の時代が続いたことで易学、兵学などの実践的な学問が好まれなくなったため衰微していった。当時、学者たちは貴重な古典籍を所蔵する図書館・書庫としてのみ足利学校に注目していた。

明治維新後、足利藩は足利学校を藩校とすることで復興を図ったが、明治四（一八七一）年、廃藩置県の実施により足利学校の管理は足利県（のち栃木県に統合）に移り、明治五（一八七二）年に廃校とされた。

廃校後、方丈などがあった敷地の東半分は小学校に転用され、建物の多くは撤去された。栃木県は足利学校の蔵書の一部を県に払い下げようとしたため蔵書散逸の危機に瀕したが、旧足利藩士田崎草雲《たざきそううん》らの活動により蔵書は地元に返還され、孔子廟を含む旧足利学校の西半分とともに県から地元に返還された。

足利町（現・足利市）は明治三六（一九〇三）年、足利学校の敷地内に栃木県初の公共図書館である足利学校遺蹟図書館を設立し、足利学校の旧蔵書を保存するとともに一般の図書を収集して公開した。また大正一〇（一九二一）年、足利学校の敷地・孔子廟・学校門など現存する建物は国の史跡に指定され、保存されることになった。

一九八〇年代に小学校が移転したことに伴い、遺蹟図書館の一般図書が県立足利図書館に移管され、史跡の保存整備事業が始められた。そして平成二（一九九〇）年に建物と庭園の復元が完了し、江戸時代中期の様子が再現された。また、平成二七（二〇一五）年には日本遺産審査委員会により「近世日本の教育遺産群――学ぶ心・礼節の本源」のひとつとして日本遺産に認定された。

†地方への出版文化の波及――堺における出版業の出現

五山版は春屋妙葩が住職を務めた天龍寺や臨川寺《りんせんじ》で多く刊行されたが、相国寺《しょうこくじ》、南禅寺、東福寺などその他の禅寺でも刊行されている。さらに禅宗の普及とともに京、鎌倉以外の地方の禅寺に移住する僧侶もあり、京から地方の有力者の支援を求めて移る文化人も少なくなかった。特に応仁の乱（一四六七〜七七年）以後、京の禅寺での開版活動は衰え、山口、鹿児島、堺など地方都市で開版が行われるようになる（岩猿前掲書、六五頁）。

堺は大坂の近郊にあり、自治都市・海外貿易港都市としての伝統を持ち、茶道千家の始祖・千利休《せんのりきゅう》（一五二二〜一五九一）の出身地でもある。堺に出版の拠点が築かれたことは、上方ならびに江戸における出版事業の先駆け的な現象として注目しておく必要がある。

応仁の乱で破壊された公家と武家の上下関係を含め、日本の行政的根幹が大きく混乱したまま、次に来る時代のルールを決めるための覇権争いが続いたのが戦国時代であった。この時代には下剋上のみならず、上司や部下にも警戒しなければならず、確かな情報を得ることは死活問題であった。

そこに登場したのが「わび茶」である。戦国武将は茶室に入る前に刀を置き、頭を下げてくぐるしかない「にじり口」を通ってくる。茶室にはそこでしか得られない情報空間としての価値があり、なおかつ美学が詰まっていた。堺の商人たちはその文化である茶道を基盤に日本独自の「わび・さび」の文化にまで昇華・発展させる才覚を持っていた。

文明元（一四六九）年、戦乱のため遣明船《けんみんせん》が兵庫に入港できず、堺の港に着岸したことから、国際貿易港堺の歴史が始まる。堺の商人たちは薩摩から種子島を経由して琉球、さらにはルソンやシャムまで船を渡らせた。そこで利ざやの高い商売をして経済力を身に付け、その機動力と情報ネットワークの精度の高さで鉄砲の製造技術をいち早く取り込み、堺において鉄砲は有力産業となった。

豪商たちは自治意識が強く、堺の海側を除外した三方向に堀を巡らせ、戦国武将の攻略に対抗しつつ、合議による自治的な街の運営を行った。そこで中心となった人物として武《たけ》野紹鷗《のじょうおう》、千利休、今井宗久《いまいそうきゅう》、津田宗及《つだそうぎゅう》らが挙げられる。彼らは平民でありながら自らの才知と努力で築いた富に誇りを持っていた。彼らにとって茶道とは互いの権勢を競う場ではなく、堺を守るために理性的に話し合う場とした。

堺の商人たちは京都の公家文化と奈良の寺院文化を融合し、堺の町衆の趣味に合うものにつくりかえていった。それが茶の湯、連歌、能楽などである。京都の町衆文化が酒屋や土倉（金融業）を中心として発達したのに対し、堺の文化は貿易・海運業者を中心として発達し、規模の大きさと異国趣味もさることながら、市民文化にふさわしい明るさを持っていた。堺商人は茶の湯を媒介として、もてなしの心により人間関係を築いていった。堺の影響も受け、大坂では芝居、浄瑠璃などといった町人文化が育ち、町人学校である懐徳《かいとく》堂《どう》を設立するなど教育にも力を入れた。

しかし商人たちがその後、秀吉や家康との関係で大坂や江戸へ呼び寄せられたこと、慶長二〇（一六一五）年の大坂夏の陣で大きな被害を被ったことなどにより堺の街は活況を失っていく。徳川幕藩体制下において商人たちは堺奉行の指揮の下に過去の栄華を取り戻そうとしたが、大和川の流路変更工事で、堺の港の機能が喪失したこともあり、それは実現しなかった。

ここで堺での出版の具体例について触れておく。堺の出版は五山から説法で各地に赴いた禅僧たちなどによって始められたとみられる。岩猿は『論語集解《しっかい》』が南北朝時代の正平一九（一三六四）年に堺で道祐居士《どうゆうこじ》によって刊行されたことに触れ、この道祐という人物は禅に帰依した武士であったと推定している（岩猿前掲書、七六頁）。このような素地をもとに、阿佐井野家による出版事業が始まる。

戦国時代の大永八（一五二八）年、阿佐井野宗瑞《あさいのそうずい》（一四七三～一五三二）が『新編名方類證医書大全《しんぺんめいほうるいしょういしょたいぜん》』を刊行し、同年に阿佐井野宗仲《そうちゅう》が『韻鏡《いんきょう》』を刊行する。前者は医書、後者は音韻学の書である。また、阿佐井野宗禎《そうてい》が明応版の『三体詩《さんたいし》』の版木を購入し、刊行している。この『三体詩』は相国寺の光源《こうげん》和尚により版がつくられたといわれる（川瀬一馬《かずま》『入門講話日本出版文化史』日本エディタースクール出版部、一九八三年、一二五～一二六頁）。これらの堺で刊行された書籍は書誌学上「堺版《さかいばん》」と呼ばれる。

阿佐井野氏は堺の名家で、慶長の頃まで千利休などとも交流があったと伝えられる。そして天正年間（一五七三〜九二年）には経師屋《きょうじや》を名乗る石部了冊《いしべりょうさつ》が出る。石部は書道の手本となる『四体千字文《したいせんじもん》』や日本語表記辞典の『節用集《せつようしゅう》』を刊行し、いち早く営利的な出版活動を開始し、識字学習や書記文化の普及に貢献した。ここで日本の書籍公共圏は武家階級に加え、庶民・町民階級にまで広がることになる。堺は出版事業を印刷請負から商業出版事業（産業）へと進化させ、江戸期の出版文化の先駆けとなった。

第三章

近世——出版文化の発展と教育改革

塙保己一肖像（国立公文書館企画展目録）

1 古活字版から整版印刷へ

†出版業の発展と文化の興隆

江戸時代には出版業が商業活動として確立した。書物問屋《しょもつどんや》と地本問屋《じほんどんや》の二系統に分かれて京・大坂・江戸の三都を中心に、新たな文化の担い手となった商人・町人階級を、基盤とする文化を支えて発展した。鎖国体制の下、元和偃武《げんなえんぶ》以降の日本国内の世は太平であり、教育は四民の階層に広く行き渡り、書物も整版印刷で、学術専門書から教養娯楽書、さらには、浮世絵、役者絵などをはじめとする絵画など幅広く印刷・刊行され、江戸後半期には瓦版などの新たな出版物形態も出現した。これらの出版物、印刷物は将軍の文庫、大名や藩校の文庫、各地域の郷学、寺子屋、さらには庶民にも解放された文庫などに収蔵され、教材としても利用され、教育や文化向上の基盤となった。

こうして書籍の公共圏が拡大すると、拡大した公共圏に存在する個々の書籍の把握や利用のためにそのメタデータ（目録記述）を整備する動きが生じる。メタデータを直接的に整備したものが塙保己一の『群書類従』であり、個々のメタデータが表示する書籍のコンテンツについて著者の思想・思考内容をまとめて新たな理論や学問分野の構築を試みたものが「国学」であり、『大日本史』の編纂により「水戸学」も誕生した。このような書誌データの調整による知的空間の管理・統合の手段として、日本では目録の作成と利用が行われてきたが、記述されているコンテンツは国学のように文学・語学的な分野に偏重していなかっただろうか。なぜなら広く、全知的領域での百科事典的な知識統合への動きは時代が下り、明治期の『古事類苑《こじるいえん》』の編纂にまで持ち越されたとも言えるからである。

江戸時代の出版業者に話を戻すと、書物問屋は伝統的な古典の出版で、安定した経営を維持できることから、著者の原稿執筆を促し、それを印刷・出版する業態から手を広げ、出来上がっている板木《はんぎ》の売買に徐々に経営の重点を置くようになった。一方の地本問屋の経営は流行り物とも言える出版物が主体であり、いかに有能な執筆者を集め、読者の要求に応えられる出版物を出せるかに腐心するようになる。地本問屋は新たな庶民文化のプロデューサーとして黄表紙《きびょうし》作家、浮世絵師などを次々と世に送り出し、大衆文化の創造者としてのエネルギー源になっていた。たとえば蔦屋重三郎《つたやじゅうざぶろう》はその好例である。

八代将軍吉宗により宗教色のない漢訳洋書の輸入が解禁されて以降、医学や暦学、天文学、さらには生物学系の洋書系統の書物も積極的に移入され、これらが蕃書調所《ばんしょしらべしょ》などで翻訳・研究され、西洋科学知識の習得も進められた。これは結果的に最新の科学技術知識へのアプローチを可能とし、幕末開国期、西欧の先進軍事・科学技術等の知識がいち早く日本に導入されるための基盤をつくった。

幕末には洋学の知的主題は医学や軍事学、さらにはオランダ語をはじめとして、当時の先進欧州各国語による知識習得にまで広がり、維新後の五箇条の御誓文・第五条にある「智識ヲ世界ニ求メ大ニ皇基《こうき》ヲ振起《しんき》スヘシ」を実行する基盤を形成していた。

†書物問屋と地本問屋――三都の本屋

戦国時代末期から江戸時代初期にかけては百姓・町人層の識字率が上昇し、商業出版が出現する。出版は印刷業（printing）から出版業（publishing）へと移行・発展し、整版印刷による出版が活況を迎える。商業出版の出現は出版産業を出現させたのみならず、大衆文化、ポップ・カルチャーの発展にも大きく寄与した。

出版文化の先駆けとなったのは天正年間（一五七三～九二）の堺である。前章で述べたように、経師屋を名乗る石部了冊は書道の手本となる『四体千字文』を復刻するとともに日本語表記辞典の『節用集』を刊行し、書記文化の普及を促進した。これにより日本の書籍公共圏は百姓・町人階級にまで広がり、権威ある朝廷、幕府、藩および寺院等からの指示・依頼等による出版から、営利目的での自主的判断で出版を行う商業出版へと大きく発展した。

しかし、書籍の印刷・販売が新たな経済活動として大きく発展したのは大坂や京都である。一七世紀半ばになると元禄文化が花開き、大坂の町人層の豊かな経済力を背景として、人間を現実的に捉えた文学や芸能・演劇、絵画が生まれ、小説の井原西鶴《いはらさいかく》（一六四二～一六九三）や戯曲の近松門左衛門《ちかまつもんざえもん》（一六五三～一七二四）、さらには俳諧の松尾芭蕉《まつおばしょう》（一六四四～一六九四）などが活躍した。それらの作品は浮世草子《うきよぞうし》として量産され、「下《くだ》り本」として江戸にも送られて人気を博した。

西鶴の代表的な作品は『好色一代男《こうしょくいちだいおとこ》』『日本永代蔵《にっぽんえいたいぐら》』『世間胸算用《せけんむねさんよう》』など、近松は『曽根崎心中《そねざきしんじゅう》』『冥途《めいど》の飛脚』などの心中もの（世話物）に加えて『出世景清《しゅっせかげきよ》』『国姓爺合戦《こくせんやかっせん》』などがあり、生涯に一〇〇を超える作品を残したといわれている。近松の作品の多くは人形浄瑠璃のために書かれた脚本であったが、それらは文楽《ぶんらく》（人形浄瑠璃）や歌舞伎を通じて人々を魅了した。今日に至るまで、近松の日本文化への貢献は非常に大きい。

出版学において、商業活動としての出版が初めて行われたのは京都とされている。十哲《じってつ》と称される本屋のほかにも多くの店が現れ、これらは当初「物の本屋」と呼ばれており、仏典や漢籍をはじめとする教養書を主に手掛けていた。その後、大坂でも本屋が現れ、当初は京都で製作された本を仕入れていたが、寛文の頃から大坂でも本が印刷されるようになった。

江戸では寛永の頃には本屋があったというが、自前で製本・販売し始めた時期については明白ではない。時代が下るにつれ、江戸の本屋で取り扱う出版物のジャンルは多様化し、現代の漫画のような草双紙などは「地本《じほん》」と呼ばれた。「地本」とは上方からの「下り本」ではなく、江戸の地で作られた本という意味である。

当時の本屋（出版業者）は編集、製版、製本に加えて小売まで行ったが、取り扱う書物の内容により次の二つに分類される。

書物問屋は学問書など俗に言う「堅い本」を扱い、京都で「物の本屋」と呼ばれた系統である。ジャンルは仏教、歴史、伝記、暦、医学書、漢籍、教養書など多岐にわたる。上方では本屋とも呼ばれ、後に江戸にも支店も出した。

地本問屋は草双紙《くさぞうし》、人情本《にんじようぼん》、細見《さいけん》（地図や個別の商品・人物等の案内書）、狂歌絵本、洒落本《しやれぼん》、音曲類《おんぎよく》（長唄など）の正本《しようほん》、歌舞伎の絵本、浮世絵など学術書以外の本を扱った。一八世紀に入ると文化の中心も徐々に上方から江戸へと移り、地本問屋は江戸の出版文化を支えるとともに、庶民にとっては浮世絵など当時のポップ・カルチャーに触れられる場となった。

地本問屋として有名なのが蔦屋重三郎《つたやじゆうざぶろう》（一七五〇〜一七九七）である。彼は吉原細見《よしわらさいけん》という吉原遊郭とそこにいる遊女たちのガイドブックをはじめとして絵本、錦絵、稽古本、往《おう》来物《らいもの》などを次々と出版し、なおかつ多くの文化人との人脈を築き、彼らの作品の出版も手がけた。彼は江戸の戯作文化の一大プロデューサーとして、化政文化の礎を築いたと言える。

†戯作文学の誕生

江戸では一八世紀後半以降、上方で流行した浮世草子とは異なる、戯作《げさく》と呼ばれる文芸作品が誕生した。これは大人向けの絵入り本で、洒落本や滑稽本《こっけいぼん》、談義本《だんぎぼん》、人情本、読本《よみほん》、草双紙など多彩なジャンルが登場した。さらに草双紙は内容・形態によって赤本、黒本、青本、黄表紙、合巻《ごうかん》に分けられる。

洒落本とは遊郭等での遊びの様子を描いたもので、山東京伝《さんとうきょうでん》の『傾城買四十八手《けいせいかいしじゅうはって》』などが挙げられる。滑稽本はおかしみのある話で、式亭三馬《しきていさんば》の『浮世風呂』や十返舎一九《じっぺんしゃいっく》の『東海道中膝栗毛《とうかいどうちゅうひざくりげ》』などが代表的である。談義本は滑稽さと教訓を併せ持っており、滑稽本のはしりである。人情本は主に恋愛を描いたもので、為永春水《ためながしゅんすい》の『春色梅児誉美《しゅんしょくうめごよみ》』や『春告鳥《はるつげどり》』などが代表的である。

読本は文章中心の読み物で、歴史ものでも基本的にフィクションで、勧善懲悪《かんぜんちょうあく》思想が顕著で娯楽性が強い。草双紙と比べ文学性が高いものとされ、初期の読本は知識人によって書かれた。印刷技術や稿料制度など出版の体制が整っていたこともあり、読本は多くの読者を獲得したが、発行部数は草双紙に及ばなかった。『雨月《うげつ》物語』の上田秋成《うえだあきなり》、『南総里見《なんそうさとみ》八犬伝《はっけんでん》』の曲亭馬琴《きょくていばきん》、山東京伝など多数の作者が活躍した。

草双紙は絵に仮名で筋書きが書き込まれた物語で、絵草紙（絵双紙）または単に絵本と呼ばれることもあった。子供向けが主であったが、次第に大人向けのものが書かれるようになった。これは表紙の色と内容によって次のように分類される。

赤本は子供向けで桃太郎などの昔話、黒本は敵討ちなど忠義の物語や武勇伝、青本は少年や女性向けで芝居の筋書きを書いたものである。黄表紙は大人向けの娯楽性が強い本で、言葉や絵に仕組まれた遊びの要素を読み解くことに楽しみがあった。黄表紙は当時、青本と区別されていなかったが、後年の研究者によって区分されるようになった。また合巻は長編で三冊以上の分冊を一巻にまとめたもので、絵入りだが内容は読本に近い。草双紙と言えば合巻を指すこともある。

蔦屋に代表される地本問屋はこれらの書物を刊行していたが、明治に入ると戯作類は人気がなくなり、プロの作家は激減した。しかし政治的な背景から古典文芸の復権があり、活版印刷技術や新聞の連載小説の登場を機に、明治一〇（一八七七）年頃から合巻が再び脚光を浴びるなど、戯作はその後も存続した。

†貸本屋・古本屋

江戸時代、出版技術の発展に伴う刊行物や写本の増加により、一般大衆にも読書の習慣が広まった。当時の庶民は本を買い求めて読むのではなく、もっぱら貸本屋や行商人に見料《けんりょう》を払って読んでいた。長友千代治は寛永の初め頃に貸本屋が誕生したと推定し、元禄になると貸本中心の行商本屋が出現したと指摘している（長友千代治《ちよじ》『近世貸本屋の研究』東京堂出版、一九八二年、一九〜四四頁）。

貸本屋は版元からの直接購入、貸本屋同士の売買、貸本類仕入所などからの購入、貸本屋自身による作成という四つの方法で商品を調達した。江戸時代の代表的な貸本屋・大野《おおの》屋《や》惣八《そうはち》の扱った蔵書を見ると人情本・洒落本・滑稽本・草双紙をはじめとして井原西鶴や曲亭馬琴など有名作家の作品、軍書や兵書、浄瑠璃本や実録本まで、そのジャンルは近世文学全般に及んでいる（長友前掲書、一四四〜一六一頁）。

日本では中世まで書物は主に寺院や朝廷が所蔵する貴重なもので、個人が所蔵する本を売らざるを得なくなることを「沽却《こきゃく》」といい、これは不名誉なこととされていた。江戸時代の大坂や江戸では古本の販売が先に始まり、一七世紀後半になると古書店は出版も行うようになった。江戸時代の書店は出版、自店の出版物の卸売・販売、他店の出版物の販売、古本の販売と幅広い業務を行っており、新刊書店と古書店が分離されるようになったのは明治以降である。

†古活字版の時代

日本では明治の初めまで整版印刷が主流であったが、近世初期の約五〇年間は活字印刷が盛んであった。一六世紀末、キリシタン宣教師らにより西洋式の活字印刷機が持ち込まれる一方、文禄《ぶんろく》の役の戦利品として朝鮮半島からは金属活字がもたらされた。

一五九〇年代、文禄の役の際に秀吉の派遣軍が朝鮮から持ち帰った銅活字により、慶長勅版本が刊行されたのが古活字版の始まりとされている。その後、国内で仮名文字を含む木製活字が製造され、慶安年間（一六四八〜五一）頃までは広い範囲で活字印刷が行われた。これを古活字版《こかつじばん》という。しかし再版の際、活字を組み直す手間などでコストがかかるため、日本では活版から木版（整版）へ逆行するという世界的に見ても稀な現象が起こった。

古活字版の代表例としては後陽成《ごようぜい》天皇による慶長勅版《けいちょうちょくばん》、徳川家康（一五四二〜一六一六）による伏見版、駿河版がよく知られている。家康は伏見城や江戸城、駿府城に収蔵した書籍の出版を積極的に進め、慶長四（一五九九）年から同一一（一六〇六）年にかけて伏見では木活字、元和元（一六一五）年から翌年にかけては銅活字を用いて多数の書物を出版した。これらの出版物は伏見版・駿河版と呼ばれ、家康の文化事業を代表している。

大坂の陣を控えたこの時期、家康は目前に迫った豊臣氏からの政権奪取に備え、徳川家中や譜代の家臣家来を対象に、謀反や反乱が起こることを防ぐ必要があったとも言える。そのため特に儒学書や過去の歴史書などを印刷し、臣下に配布したと考えられている。

慶長一〇(一六〇五)年に刊行された伏見版『新刊吾妻鏡』の底本に用いられたのは、小田原北条氏に伝来した『吾妻鏡』であった。北条氏の旧蔵本は文亀・永正頃(一五〇一〜一五二一)に金沢文庫本を書写したものとされている。元和二(一六一六)年五月に『群書治要』(経、史、子の三部六〇余種の書から政治上の要項を抜粋して編纂したもの)が刊行されたが、家康はその刊行直前の同年四月に死去した。

家康のこうした出版事業は江戸幕府の文治政策の基礎を固めたのみならず、これまで秘蔵とされてきた書籍を世間に広め、学問・知識の普及にもつながった。よって、古活字版はその後の出版文化の振興の一翼を担っている。

2 江戸時代の教育と文化

江戸時代には全国規模での一律の公的教育機関・制度が存在しなかった。林羅山《はやしらざん》(一五八三〜一六五七）のように幕府によって選定された人物が学問および幕府の文教行政に携わり、武士・百姓・町人は身分制度の中で自学自習することが主流であった。ただ藩内、領内では時代・状況に応じて藩校、郷学、寺子屋等での自主・自律的な学校教育が行われており、その水準の高さは幕末に日本を訪れた西欧人が驚くほどであった。

†武士階級の教育体制——幕府学問所と藩校

江戸時代の武家は封建社会において地位を維持するため、武芸のみならず学問にも力を入れたため、教育制度が次第に整えられた。藩主は自らの教養を高めるため、儒学者や兵学者を招いて講義させ、重臣たちにもこれを聴講させた。また一般の藩士にも学問を奨励し、武芸とともに文の教養を積むことを求めた。江戸時代の学問は儒学が中心で、中でも朱子学が正統として尊ばれた。

中世の武家は寺院で僧侶を師として学問を学んだが、近世の武家は城下に学校を設け、儒学者を師とした。この学校が藩校（藩学）である。江戸時代の初期、藩校は一部の藩にのみ設けられていたが、中期以後は急速に普及して小藩にも設けられ、全国で二百数十校に達している。

江戸時代の最高学府として諸藩の藩校の模範となっていたのは幕府の昌平坂学問所《しょうへいざかがくもんじょ》

（昌平黌《しょうへいこう》）である。これはもともと将軍家光が学問奨励のため、林羅山に与えた上野忍岡《しのぶがおか》の地に設けられた孔子廟で、将軍綱吉《つなよし》の時代に湯島に移転し、孔子廟および講堂・学寮が整備された。この地は孔子の生地である昌平郷《しょうへいきょう》にちなみ、昌平坂と命名された。

当初、湯島聖堂は半官半私の教育機関であったが、直轄の文教施設を必要とした幕府は寛政九（一七九七）年、林家の私塾であった学問所を直轄の学校とした。これにより官学としての昌平坂学問所（昌平黌）が成立し、孔子廟はこれに付属する形となった。

昌平坂学問所は林家の家塾としての性質を改めて塾生を廃し、幕府の直参《じきさん》すなわち旗本・御家人の子弟を教育することになったが、その後は諸藩の家臣などもここで教育を受けることができるようになった。幕府は朱子学を正統としたが、やがて儒学の諸学派が発達し、朱子学以外の学派に属する儒官も多かった。しかし寛政二（一七九〇）年の「寛政異学の禁」により朱子学が正学となり、他の学派は異学とされたため、諸藩の藩校においても朱子学派が盛んとなった。それ以降、学問所は幕府の教学の中心として栄えたが、幕末になると洋学の発展などにより、かつてのような権威を保ち続けることはできなかった。

昌平坂学問所の主宰者は「大学頭《だいがくのかみ》」と呼ばれたが、これは将軍綱吉が当時の聖堂の主宰者であった林信篤《のぶあつ》（鳳岡《ほうこう》）を大学頭に任じたことに始まる。その後、幕末まで林家が引き続いて大学頭に任ぜられ、幕府の学問所を統轄した。

昌平坂学問所に倣って藩校を設立・整備した藩も多く、昌平坂学問所の出身者を儒臣として招き、なおかつ藩士の中から優秀な者を選んで学問所へ留学させた。よって学問所は藩校の教員養成の機能も果たしていたと言える。

藩校は漢学中心の家塾・私塾に起源を持つものが多く、漢学のほかに国学（皇学）、さらに幕末には洋学や西洋医学を科目として加えた。また学問に加えて武芸も重視し、カリキュラムに組み入れており、藩士のための総合的な教育機関となっていた。

藩校の儒学においては経・史・詩文を学ぶべきとされ、経書・史書・詩文集などが教科書として使用された。『孝経』や四書（大学・中庸・論語・孟子）、五経（易経・書経・詩経・春秋・礼記）などが教科書として重んじられ、入門書として『千字文』『三字経』なども用いられた。また朱子学派では『小学《しょうがく》』や『近思録《きんしろく》』も四書や五経と並んで尊ばれた。

藩校の中で創立が古く、規模が大きいものとしては名古屋藩の明倫堂《めいりんどう》、会津藩の日新館《にっしんかん》などが挙げられる。

†元禄文化

先にも触れたが、一七世紀半ばから一八世紀初めにかけて、幕藩体制安定期に元禄文化が生まれた。社会の安定と経済の発展に伴い、町人に受け入れられる文学や芸能が生まれ、身分秩序の枠内で生きる人々の心をつかんだ。武士と上方の豪商が文化の主な担い手で、現実主義・合理的・実証主義的な傾向があり、表現手法の華麗で洗練された美しさも大きな特徴である。

文学では俳諧の松尾芭蕉、小説の井原西鶴、戯曲の近松門左衛門が代表的人物である。絵画では琳派《りんぱ》の尾形光琳《おがたこうりん》、土佐派の土佐光起《とさみつおき》、住吉派の住吉具慶《すみよしぐけい》、浮世絵の菱川師宣《ひしかわもろのぶ》、鳥居清信《とりいきよのぶ》、風俗画の英一蝶《はなぶさいっちょう》、歌舞伎では江戸の市川團十郎、上方の坂田藤十郎《とうじゅうろう》などがよく知られている。

林羅山らの朱子学派は封建社会を支える教学として幕府や藩に支持され、教育の基本的な考え方となったが、江戸幕府による安定した統治が長期化するにつれ、藩校における教育は武術教育から次第に儒学を軸とした官吏育成教育へと変わっていく。

†寺子屋と郷学

では一方で、庶民はいかなる制度のもとで教育を受けていたのだろうか。寺子屋では子どもたちに文字の読み書き、算盤《そろばん》を教えたが、それ以上に一人一人の子供に応じたしつけを重視し、一人前の人間に育てることを目指した。これは明治以降の全国一律の義務教育体制確立後も教育の基盤となって、家庭や職場での教育の基本となった。近年、全国一律の学校教育の欠点が露呈する中で、寺子屋の教育効果は再評価もされている。

職人の教育は主に徒弟制度に基づくものであったが、百姓や町人など一般の子どもたちが通う寺子屋ではかなり高度な学問や倫理・道徳などを教えるところも少なくなかった。寺子屋では地理・歴史・社会に関する様々な用語を集めた「往来物」(『商売往来』『庭訓《ていきん》往来』『百姓往来』など)、「国尽《くにづくし》」(日本の地名をすべて挙げ、歌いやすいようにつないだもの)、「苗字《みょうじ》尽《づくし》」など様々な教材を用いながら教えた。

郷学《ごうがく》(「きょうがく」とも)は江戸時代から明治初年にかけて存在した教育機関の一種で、郷校《ごうこう》ともいう。郷学は藩校・家塾・寺子屋等に分類されない教育機関を指すが、その内実は多様で、教育対象が武士であるか庶民であるかによって二種類に分けられる。

武士の教育機関としての郷学は藩校の延長、あるいは小規模の藩校ともいうべきもので、庶民の教育機関としての郷学は官(藩主や代官など)が設立・運営に関与したものから民間有志によって設立・運営されたものまで多岐にわたる。

†代表的な郷学

郷学と称される学校は江戸時代から明治初年までに全国で一〇〇〇余校あったとされるが、明治維新期に設立された郷学・郷学校は初等教育を担い、明治五(一八七二)年の学制公布後はその多くが小学校に転換した。明治期に文部省が『日本教育史資料』を編纂した際、藩立学校・家塾・寺子屋に分類できない学校を郷学としてまとめたことにより、現在の郷学という概念が生まれたとされている。

郷学は主に学問所としての郷学（閑谷《しずたに》学校など）、藩直営の郷学（岡山藩手習所《てならいどころ》など）、民間の郷学（懐徳堂、含翠堂《がんすいどう》など）、官民協力の郷学（伊勢崎《いせさき》郷学など）の四つに分類される。

庶民を対象とする郷学は幕府や藩主の保護・監督を受けていたという点で寺子屋と区別され、幕府や各藩が百姓・町民階級（庶民または町人）の教育に無関心でなかったことを示している。また、これをさらに成人を対象とする教諭所、子弟に初等教育を施す学校に区分することがある。郷学と教諭所《きょうゆじょ》を区別する見解もあるが、これらは多くの場合、役割を兼ねていた。ただし、江戸期には全国一律の教育体制は存在しなかった。

藩主や代官が庶民の教育のために開いた郷学、民間有志が設立し、領主が保護・監督した郷学には次のような例がある。

寛文八（一六六八）年に岡山藩主・池田光政《みつまさ》（一六〇九〜一六八二）が領内に一二三カ所の手習所を開いた例が最も古く、これは後に閑谷学校に統合された。

一八世紀末、幕府代官・早川正紀《まさとし》（一七三九〜一八〇八）は自らの任地にそれぞれ郷校を開設した。美作久世《みまさかくぜ》の典学館《てんがくかん》、備中笠岡《びっちゅうかさおか》の敬業館《けいぎょうかん》、武蔵久喜《むさしくき》の遷善館《せんぜんかん》である。久世の典学館は土地・建物と維持費を地域の村役人や富農からの寄付によってまかない、『六諭衍義《りくゆえんぎ》』や早川自身の著書『條教説話《じょうきょうせつわ》』などを教科書として用い、早川や代官所が雇った儒者が庶民に向けて講釈した。

上野国伊勢崎藩領では享和三（一八〇三）年、伊与久《いよく》村（現在の伊勢崎市境伊与久）の豪農・宮崎有成《ゆうせい》ら有志によって庶民の教育機関として五惇堂《ごじゅんどう》が設立された。文化五（一八〇八）年、藩はこれを公認して敷地・建物にかかる年貢を免除し、講師を派遣するなど支援を行った。五惇堂に続き、伊勢崎領では多くの郷学が組織された。

郷学では学問を通して一般民衆に封建的な統治を施すことを目的としており、漢学を主として読み書きの教育にも力を入れていた。民間の設立・運営によるものがほとんどで、民衆教育運動の高まりから生まれたものとしては摂津国《せっつのくに》平野郷（大阪市平野区）の含翠堂が代表例として挙げられる。

含翠堂は享保二（一七一七）年、平野郷の有力者であった土橋友直《つちはしともなお》（一六八五〜一七三〇）らによって開設され（開設当初の名称は老松堂《ろうしょうどう》）、明治五（一八七二）年の学制施行まで存続した。この学校の運営に当たったのは平野郷の有力者たちの「同志中」であり、彼らが維持費の拠出、教師の選択までを行う「民間有志の手のみで運営された郷学」であった。また飢饉に備えて積み立てを行い、窮民を救済するという社会保障的機能も担っていた。

含翠堂の教育内容は儒学が中心であったが特定の学統によるものではなく、町人としての実践道徳に重点を置いていた。また、設立者と教師は分離しており、経営的な面は有志の共同出資によってまかなわれ、教育については教師に一任されていた。

含翠堂はこの後に登場する懐徳堂の運営方法にも大きな影響を与えた。平野郷の有力者以外の支援者に、懐徳堂を創設した五人の町人(五同志)のひとりである道明寺屋《どうみょうじや》吉左衛門《きちざえもん》(富永芳春《ほうしゅん》)がいることからも、両者に深いつながりのあることがわかる。含翠堂ならびに土橋友直らの取り組みは近代公教育の先駆として高く評価されている。

†官許学問所としての懐徳堂

大坂の懐徳堂は大規模かつ高度な学術教育機関であり、これを最高位の郷学と捉える見方がある。

懐徳堂は享保九(一七二四)年、大坂の豪商であった三星屋《みつぼしや》武右衛門《ぶえもん》、富永芳春(道明寺屋吉左衛門)、舟橋屋《ふなばしや》四郎右衛門《しろうえもん》、備前屋《びぜんや》吉兵衛《きちべえ》、鴻池又四郎《こうのいけまたしろう》が出資し、三宅石庵《せきあん》(一六六五〜一七三〇)を学主に迎え、船場《せんば》の尼崎町一丁目(現在の大阪市中央区今橋三丁目)に学問所として設立された。三星屋らは懐徳堂の「五同志《ごどうし》」と称される。享保一一(一七二六)年、将軍吉宗から公認されて官許学問所となり、学校敷地を拝領した。しかし官許を得た後も大坂の町人が財政面をまかなったため、「町人の学校」と呼ばれている。

開校時、三宅石庵は玄関に三カ条の「定《きまり》」を掲げた。その内容は次の通りである。「書物を持たないものも講義を聞いてよい。やむをえない用事があれば途中退席してもよい。席次は武家を上座と定めるが、講義開始後は身分によって分けない」。また、三宅春楼《しゅんろう》の代には正式な入門を経ずとも聴講できる、席次は新旧・長幼・理解の深度に応じて互いに譲り合うことが定められた。この時の定書には「書生の交わりは、貴賤富貴《きせんふうき》を論ぜず、同輩と為すべき事」という言葉があり、その後もこの方針は守られた。この「定」などに大坂町人の合理的な考え方がよく表れている。

三宅石庵が学主であった初期は朱子学・陽明学などを交えた雑駁な学風で、「鵺《ぬえ》学問」とも批判された。元文四（一七三九）年に五井蘭洲《ごいらんしゅう》（一六九七〜一七六二）が助教に復帰して以降は正統な朱子学を標榜して荻生徂徠《おぎゅうそらい》（一六六六〜一七二八）の学派を排撃し、徂徠学批判は中井竹山《ちくざん》（一七三〇〜一八〇四）らの時代に頂点を迎えた。懐徳堂は蘭洲や竹山のほか、草間直方《くさまなおかた》・富永仲基《なかもと》・山片蟠桃《やまがたばんとう》など特徴的な町人学者を輩出したことでも知られる。

懐徳堂は官許学問所となってはいたものの、その運営は町人に任されており、明治維新後は新政府の学制も未整備な中で江戸の昌平坂学問所とは異なる道をたどった。昌平坂学問所は一時閉鎖され、その後新政府に接収されたが、懐徳堂は接収されず、多くの郷学のように新政府の学制に組み込まれ、小学校になることもなかった。

幕末の動乱期には教育内容が守勢に傾き、学問的な展開が見られず、自由な授業料の原則を維持した結果、学校の運営が困難となった。明治二（一八六九）年に廃校となり、校地などは返納している。

中井桐園《とうえん》（中井竹山の孫・碩果《せきか》の養子）の長男・中井天生《てんせい》（木菟麻呂《つぐまろ》）は懐徳堂の廃絶後もその復興を悲願としており、それと志を同じくする漢学者の西村時彦《ときつね》（天囚《てんしゅう》）らが大阪の財界や政界に働きかけ、大正五年（一九一六）年に懐徳堂が再建された。江戸時代の懐徳堂と区別してこれを重建《ちょうけん》懐徳堂と呼び、敷地として三六一坪が無償で貸与された。昭和二〇年の大阪大空襲まで、大阪市民を主な対象として様々な講義が続けられた。

空襲により講堂などを失った重建懐徳堂では罹災を免れた書庫内などで講義を継続していたが、戦後の混乱期に独立した運営を続けることは困難であった。折しも大阪帝国大学に文系学部を新設し、新制大阪大学が設置されることとなり、昭和二四（一九四九）年にその蔵書と職員は大阪大学に委ねられた。現在、大阪大学文学部・文学研究科（大学院）に懐徳堂研究センターがあり、重建懐徳堂の蔵書約三万六〇〇〇点が「懐徳堂文庫」として管理されている（脇田修・岸田知子『懐徳堂とその人びと』大阪大学出版会、一九九七年）。

また、昭和五一（一九七六）年には『懐徳堂文庫図書目録』（大阪大学文学部）が刊行されている。この目録には懐徳堂記念会所蔵・蒐集図書(旧懐徳堂先賢著述・蔵書・関係子記録、重建懐徳堂期の蒐集に係る研究用漢籍・和刻本・朝鮮本など約三万六〇〇〇冊)の他、重建懐徳堂関係者の個人蔵書も収録されている。

†幕府学問所と各藩藩校・西洋医学教育機関等での教育と研究

藩校では儒学の影響により現実的かつ合理的な思考が発達し、歴史学をはじめとする実証的な学問が芽生えた。また国文学も注目され、古典の研究が盛んとなった。

歴史学の分野では三代将軍家光の修史事業として、林羅山が編纂した『本朝編年録《ほんちょうへんねんろく》』が正保元(一六四四)年に刊行されるが、明暦三(一六五七)年の明暦の大火で焼失した。そして寛文一〇(一六七〇)年、四代将軍家綱《いえつな》の命を受けて林鵞峰《がほう》が編纂した『本朝通鑑《ほんちょうつがん》』が完成する。水戸藩主徳川光圀《みつくに》(一六二八〜一七〇〇)はこの書の中に「天皇の祖先は呉の太伯《たいはく》である」という記述を発見して憤慨し、そのことを契機として明暦三(一六五七)年に水戸藩独自の修史事業(『大日本史』の編纂)を開始したという説があるが、現行の『本朝通鑑』にそのような記述はない。『大日本史』の編纂は光圀の死後も水戸藩の事業として二百数十年間にわたって継続され、明治三九(一九〇六)年に完成した。これは中国歴代の正史の体裁を採用した史書、幕末の尊王論に大きな影響を与えた。

国文学では真言宗の僧であった契沖《けいちゅう》が下河辺長流《しもこうべちょうりゅう》の影響を受け、『万葉集』をはじめとする古典の研究に専念し、国学の基礎を築いた。天文学の分野では幕府の碁所《ごどころ》であった暦学・天文学者の渋川春海《しゅんかい》（安井算哲《さんてつ》）は、平安時代以来使われていた宣明暦《せんみょうれき》の誤差を元の授時暦《じゅじれき》と天体観測によって修正した貞享暦《じょうきょうれき》をつくり、これを貞享元（一六八四）年に幕府に建言して採用され、初の天文方《てんもんかた》に任命された。貞享暦にかな書きされた注は人々が生活するうえでも大いに参考となった。

数学（和算）の分野では関孝和《たかかず》が筆算を創始し、円周率の研究などに貢献した関流和算を完成させた。各地の和算家たちは神社に自作問題を書き記した絵馬を奉納し、絵馬で回答した。吉田光由《みつよし》により和算の入門書『塵劫記《じんこうき》』は寛永四（一六二七）年に刊行され、平易な例題で実生活における数量計算や解法を示した。本草学の分野では貝原益軒《かいばらえきけん》が和漢洋の一三六二種類の動物・植物・鉱物を分類・解説した『大和本草《やまとほんぞう》』を著し、宝永六（一七〇九）年に刊行された。観察や経験を重視した益軒は日本の博物学発展の先駆けとなり、実用書としての価値も高い。

第八代将軍徳川吉宗（一六八四〜一七五一）は享保の改革により、実学を奨励するため漢訳洋書の輸入制限を緩和・解禁し（一七二〇年）、天文台の設置を行った（一七四四年）。また、幕府直轄の学問所を昌平坂学問所（昌平黌）と命名した。寛政二（一七九〇）年、老中松平《まつだいら》定信《さだのぶ》（一七五八～一八二九）は寛政の改革の一環として柴野栗山《しばのりつざん》・岡田寒泉《かんせん》を湯島聖堂付きの儒者に登用し、林家に対して朱子学擁護を命じた。この「寛政異学の禁」により学問所の学舎が増設され、旗本・御家人のみならず藩士・郷士・浪人も聴講ができるようになった。寛政五（一七九三）年に林述斎《じゅっさい》が大学頭となると、それまで林家の家塾だった湯島聖堂は正式に幕府直轄の学問所となったことは先に述べた通りである。

学問所では毎月、決まった日に経書の講義や会読《かいどく》、小試・大試などの試験が行われた。また深川・麻布・麹町《こうじまち》には学問所直轄の初学者のための教授所があり、『寛政重修諸家譜《かんせいちょうしゅうしょかふ》』『新編相模国風土記稿《しんぺんさがみのくにふどきこう》』など幕府の編纂事業も行っていた。

幕末、江戸に開設された西洋医学教育機関に蕃書調所がある。一九世紀になると海外ではアヘン戦争、国内では文化露寇《ぶんかろこう》（ロシア帝国から日本へ派遣された外交使節だったニコライ・レザノフが部下に命じ、樺太《からふと》の松前藩居留地、択捉島《えとろふ》の幕府軍駐屯地を侵攻・攻撃させ、施設・商船等を壊滅させ、番人等を拉致した事件）、さらにはロシアの対馬占拠事件などが起き、軍事学、軍事戦術の研究の必要性が生じた。安政三（一八五六）年にこのような状況を受けて発足した蕃書調所は江戸幕府直轄の洋学研究教育機関であり、現在の東京大学・東京外国語大学の源流機関の一つでもある。

また安政五（一八五八）年、伊東玄朴《げんぼく》、戸塚静海《とつかせいかい》らが発起人となり、江戸在住の蘭方医《らんぽうい》八二名が費用を出し合い、種痘《しゅとう》普及のため神田お玉が池に種痘所が開設された。これは同年暮れの火災で類焼したが種痘施行は続けられ、万延元（一八六〇）年七月に下谷《したや》和泉《いずみ》橋通に再建された。同年一〇月、種痘所は江戸幕府の管轄下となり、翌文久元（一八六一）年一〇月に西洋医学所と改称され、教育・解剖・種痘の三科に分けて西洋医学の講習が行われた。文久三（一八六三）年には医学所、明治元（一八六八）年には医学校兼病院と改称され、明治四（一八七一）年に大学東校《とうこう》、明治七（一八七四）年に東京医学校となった。これは現在の東京大学医学部の前身である。

幕末になると幕府の財政難や体制の危機が深刻化し、武士も生活難に陥ったが、諸藩では藩学（藩校）・郷学・塾（私塾）でたゆみなく教育が続けられ、庶民の教育機関としては、寺子屋が機能していた。これらはすべて我が国の学校制度の始まりとされている。

†天保の改革期における教育改革

天保年間（一八三〇〜一八四四）、老中水野忠邦《ただくに》（一七九四〜一八五一）によって主導された天保の改革により、四民すべてに影響する全国規模の教育改革が行われた。天保の改革は天保四（一八三三）年に始まり、天保一〇（一八三九）年まで続いた天保の大飢饉を直接の契機とするが、財政の逼迫、農村の荒廃、外国船の来航あるいは侵略などといった内憂外患に迫られ、領内の産業統制、財政再建、人材登用などを目指したもので、これは西南雄《せいなんゆう》藩《はん》（薩摩藩・長州藩・土佐藩・肥前藩）を中心として一定の成果をあげた。

文化露冦やアヘン戦争の実情が伝わるにつれて、軍備の近代化や増強、その基盤となる産業の近代化の必要性に迫られた幕府は長崎海軍伝習所や蕃書調所を開設する。そこでは最新の軍事学や洋学などの習得体制を強化し、新しい知見・技術を擁する人材の教育に乗り出し、維新後の富国強兵という国策の基礎となる。明治以降、日本が極めて短期間で西欧列強に追いつき、軍事・経済大国として名を連ねることができたのは、江戸幕府の下ですでにこうした教育・学習体制が確立されていたからであろう。

3　江戸時代の文化サロン

ここで、江戸時代に文化的なサロンを形成した代表的な人物を挙げておく。

†木村蒹葭堂

木村蒹葭堂《きむらけんかどう》（一七三六〜一八〇二）は「浪速の知の巨人」と称されている。彼は通称、坪井屋吉右衛門として、代々の造り酒屋の主人でその造り酒屋の名義と実務を宮崎屋に任せ、自身は本草学《ほんぞうがく》・文学・物産学と並んで黄檗禅《おうばくぜん》にも精通し、出版等にも携わった。またオランダ語を得意とし、ラテン語を解し、書画・煎茶・篆刻《てんこく》を嗜むなど極めて博学多才の人であった。さらには書画・骨董・書籍・地図・鉱物標本・動植物標本・器物などの大コレクターとしても有名で、その知識や収蔵品を求めて諸国から様々な文化人が彼の元を訪れた。人々の往来を記録した『蒹葭堂日記』には延べ九万人の来訪者が記されている。そこでは漢詩人・作家・学者・医者・本草学者・絵師・大名など幅広い交友が生まれ、当時の一大文化サロンの主となった。

しかし寛政二（一七九〇）年、五五歳の時に酒造統制に違反したとして密告される（醸造石高の超過）。これは酒造の実務を任されていた支配人・宮崎屋の過失なのか、あるいは冤罪なのかはっきりしないが、寛政の改革の中で大坂商人の勢力を抑えようとする幕府による弾圧事件とする見方もある。蒹葭堂は直接の罪は免れたが監督不行き届きとされ、町年寄役を罷免されるという屈辱的な罰を受ける。

その後、蒹葭堂は門人であった大坂城代《じょうだい》・加番《かばん》の増山雪斎《ましやませっさい》の領地、伊勢長嶋村へ移住する。二年後に帰坂し、文具商として再起を図り、繁盛したというが、享和二（一八〇二）年に没している。

彼の死後、蔵書のほとんどは幕命により昌平坂学問所に半強制的に納められたが、帝室博物館書目に昌平坂学問所の蔵書印が押された蒹葭堂蔵書の一部が確認できるため、いくつかの過程を経て一部が散逸してしまったと考えられる。昌平坂学問所に納められた大部分は現在、内閣文庫に引き継がれている。

†蔦屋重三郎

蔦屋重三郎《つたやじゅうざぶろう》（一七五〇〜一七九七）は版元（出版人）で、朋誠堂喜三二《ほうせいどうきさんじ》、山東京伝らの黄表紙・洒落本、喜多川歌麿《きたがわうたまろ》や東洲斎写楽《とうしゅうさいしゃらく》の浮世絵などの出版で知られる。略して「蔦重《つたじゅう》」ともいわれ、狂歌名を蔦唐丸《つたのからまる》と号し、歌麿とともに吉原連《よしわられん》に属した。「連」とは現代のサロンに相当する文化人の集まりを指す。

父（丸山氏）は江戸の吉原で遊廓の勤め人であったという。重三郎は吉原に生まれ、のちに喜多川氏の養子となった。「蔦屋」は喜多川氏の屋号で、これは吉原の茶屋といわれている。安永二（一七七三）年、重三郎は吉原大門《おおもん》の前に書店を開き、当時は鱗形屋孫兵衛《うろこがたやまごべえ》に独占されていた吉原細見の出版・販売から始めた。安永三（一七七四）年には遊女評判記の『一目千本』、その翌年には吉原細見『籬《まがき》の花』を出版している。

安永九（一七八〇）年、売れっ子作家であった朋誠堂喜三二の黄表紙を出版したのをはじめとして出版業を拡大する。かねてから付き合いのあった狂歌師や絵師を集め、それまでにない斬新な企画で洒落本や狂歌本などヒット作を次々に刊行した。天明三（一七八三）年には丸屋小兵衛《まるやこへえ》の株を買い取り、一流版元の立ち並ぶ日本橋通油町《とおりあぶらちょう》に進出し、洒落本、黄表紙、狂歌本、絵本、錦絵を出版するようになる。浮世絵では喜多川歌麿の名作を世に送ったほか、栄松斎長喜《えいしょうさいちょうき》、東洲斎写楽などを育てている。また鳥居清長《とりいきよなが》、渓斎英泉《けいさいえいせん》、歌川広重《うたがわひろしげ》らの錦絵も出版している。

しかし自由な気風や社会を推し進めていた田沼意次《おきつぐ》に代わり、老中となった松平定信による寛政の改革が始まると風紀取り締まりが厳しくなった。寛政三（一七九一）年には山東京伝の洒落本・黄表紙の『仕懸文庫《しかけぶんこ》』『錦之裏《にしきのうら》』『娼妓絹籭《しょうぎきぬぶるい》』が摘発されたことを受けて、重三郎は過料により財産の半分を没収され、京伝は手鎖五〇日という処罰を受けることになった。その後も寛政六（一七九四）年には東洲斎写楽の役者絵を出版するなどしていたが、寛政九（一七九七）年に四八歳で没した。

重三郎は面倒見がよく、人の才能を見抜くことに優れており、写楽をはじめ曲亭馬琴、十返舎一九など世話を受けた人物は数多い。彼は江戸期の出版人・書店経営者の枠を超えた幕末文化の総合プロデューサーとも言える人物であった。

†塙保己一

塙保己一《はなわほきいち》（一七四六～一八二一）はサロンを形成するための基礎となる書誌データの編纂・研究のための学校をつくった人物である。

武州児玉郡保木野村《ほきのむら》（現在の埼玉県本庄市児玉町保木野）に生まれた保己一は七歳の時、病がもとで失明し、宝暦七（一七五七）年には母を病気で失った。

宝暦一〇（一七六〇）年、一五歳の時に江戸に出て雨富須賀一《あめとみすがいち》検校の門人となり、鍼《はり》・按摩《あんま》・灸、琴・三味線などの手ほどきを受けたがたいして上達せず、盲目にもかかわらず書物による勉学を志し、師匠の理解を得て隣家に住む旗本・松平乗尹《のりただ》から学問の手ほどきを受けるようになる。保己一の向学心に感心した乗尹は萩原宗固《はぎわらそうこ》、山岡浚明《まつあけ》らを紹介し、文学・医学・律令・神道など広い学問を学ぶ機会を与えた。

その後、最晩年の賀茂真淵《かものまぶち》に入門し『六国史《りっこくし》』などを学んだ。その期間はわずか半年であったが、師から得た学問は保己一の書誌的な研究に大きく寄与した。

安永八（一七七九）年、三四歳の時に「各地に散らばっている貴重な書を取り集め、後の世の国学びする人のよき助けとなるように」と、江戸幕府や諸大名・寺社・公家などの協力を得て『群書類従《ぐんしょるいじゅう》』の収集・編纂を始め、これは寛政五（一七九三）年から文政二（一八一九）年にかけて木版で刊行された。
『群書類従』には古代から江戸時代初期までに成立した史書や文学作品、計一二七六種が収められている。これは納本制度がなかった当時の日本の文字・記録圏を描き出す（書誌記録作成）という、実に四〇年もの歳月をかけた大事業であった。これにより我が国の貴重な書の多くは散逸を免れ、研究・調査・修史などの目的で有効に利用することが可能となった。

ここに収められているのは当時の書籍公共圏に存在した和書のすべてではないにせよ、書誌的なリスト（目録）は歴史学・国学・国文学等の研究に大きく貢献した。和書の書誌データの編纂事業は幕府や諸大名から支援を得ていたとはいえ、保己一が個人でこの大事業を成し遂げたことを受けて、明治から昭和にかけて民間で『古事類苑』『国書総目録《こくしょそうもくろく》』の編纂が続いた（熊田《くまた》淳美《あつみ》『三大編纂物　群書類従・古事類苑・国書総目録の出版文化史』勉誠出版、二〇〇九年）。

天明五（一七八五）年、保己一は水戸藩の彰考館《しょうこうかん》に招かれて『参考源平盛衰記《さんこうげんぺいせいすいき》』『大日本史』の校正に携わり、幕府からも学問的力量を認められた。そして寛政五（一七九三）年、国史・律令の研究機関としての和学講談所の設立を幕府に願い出て許可された。これにより和学講談所《わがくこうだんしょ》は幕府の官学に準ずる機関となった。

ここで多くの門弟を育てるとともに、水戸藩から依頼された『大日本史』の校正をはじめ、数々の史料編纂事業を行った。生涯をかけた『群書類従』六七〇冊は文政二（一八一九）年、四一年の歳月を経て七四歳の時に完成し、すでに進行していた『続群書類従』などの編纂事業の行く末を案じながら、同四（一八二一）年に逝去する。

和学講談所は保己一の死後も子の忠宝《ただとみ》、その子の忠韶《ただつぐ》に継承されたが、史料編纂事業は幕末に忠宝が尊攘派《そんじょうは》によって暗殺されたことで停止し、江戸幕府が崩壊した慶応四（一八六八）年には和学講談所も廃止された。和学講談所が所蔵していた史料ならびに史料編纂事業は明治政府の修史局を経て、東京大学史料編纂所に引き継がれ、『群書類従』の版木は塙保己一記念館でもある温故学会に引き継がれている。

4　紅葉山文庫と書物奉行

†将軍のアーカイブス

江戸に幕府が開かれる前の年、慶長七（一六〇二）年に徳川家康は江戸城の富士見亭《ふじみてい》に貴重書を収蔵する文庫を創設した。これは将軍の図書館であると同時に貴重な歴史資料を収めた、将軍のアーカイブスといえる。

三代将軍家光の時代、寛永一六（一六三九）年に紅葉山《もみじやま》宝蔵内に書庫を新設して文庫を移転し、それ以降は紅葉山文庫（楓山文庫とも）と呼ばれる。家光は寛永一〇（一六三三）年、この文庫に図書・書籍の管理者として初めて書物奉行《しょもつぶぎょう》を置き、関平三郎正成《せきひらさぶろうまさしげ》、星合猪佐衛《ほしあいいざえ》門《もん》具枚《ともかず》、三雲内記成賢《みくもないきしげかた》、西尾加衛門正保《にしおかえもんまさやす》の四名を任命した。書物奉行は現在の図書館司書に当たる。

書物奉行は若年寄《わかどしより》の支配下に置かれ、御目見《おめみえ》以上の者三〜七人が任務に当たった。俸禄は二百俵高で七人扶持を受けた（一人扶持は一日に五合の米が支給される）。元禄六（一六九三）年からは書物奉行の願いにより書物同心《しょもつどうしん》四名を置き、後には二一名まで増員された。

紅葉山文庫は単なる権威の象徴、将軍の娯楽用のコレクションではなく、施政の様々な情報を得るための学術参考図書館・文書館としての役割を果たしていた。歴代の将軍や幕府の高官、学者たちは書物奉行の手を借りて紅葉山文庫から資料を取り寄せ、これを用いて研究調査した。

歴代の将軍の中でも積極的に紅葉山文庫の資料を利用したのは徳川吉宗であり、その成果は享保の改革にうかがえる。明治維新後、紅葉山文庫の蔵書は新政府に引き継がれ、今日ではその多くを国立公文書館の内閣文庫が所蔵・公開している。

御書物方留牒・御書物方日記

　書物奉行は業務日記として「御書物方日記《ごしょもつかたにっき》」（「御書物方留牒《とめちょう》」とも）を付けていた（内閣文庫所蔵）。この業務日記は宝永三（一七〇六）年から安政四（一八五七）年までの一五二年分、二二五冊に及び、蔵書の保存、修復、調査、出納に関する記述が見られる。これにより歴代将軍（五代綱吉から一三代家定まで）の蔵書利用状況がわかり、将軍職の勤務評定が可能になる。

　これを頻繁に利用したのは八代吉宗で、閲覧した書籍には為政者としての特徴がみられる。それは『石室秘録《せきしつひろく》』のような一般的な医書に加え、当時流行っていた天然痘に関する『痘疹世《とうしんせい》医心法《いしんぽう》』、薬の処方集『和剤局方《わざいきょくほう》』など、あるいは『棠蔭秘鑑《とういんひかん》』のような制度・法典に関する文献や寺子屋の教科書出版のための参考書に至るまで多岐にわたる。また五代綱吉は儒学を好み、儒学経典の刊行をしており、一〇代家治《いえはる》は将棋マニアで自らが著した詰め将棋本が紅葉山文庫に収められている。

　書物奉行は慶応二（一八六六）年に書物奉行の職制が廃止になるまでの二三三年間に、ちょうど九〇名が任命されている。

著名な書物奉行を次に挙げる。

†青木文蔵敦書

「甘藷《かんしょ》先生」として知られる青木文蔵敦書《ぶんぞうあつのり》（昆陽《こんよう》、一六九八〜一七六九、第四〇代書物奉行）は『蕃薯考《ばんしょこう》』を著し、備荒《びこう》作物としての甘藷（サツマイモ）の有効性を説いた。将軍吉宗はこのことを知り、小石川の薬草園で甘藷を栽培させるとともに農民にこのことを伝えるよう敦書に指示し、幕府の支援の下で『蕃薯考』を広めた。

さらに吉宗は敦書に古書・古文書類の収集を命じ、敦書は武蔵国の多摩、秩父、金沢のほか、幕府直轄地の相模、伊豆、甲斐、参河《みかわ》、遠江《とおとうみ》などの諸国で幕府に関わる古文書の収集に努め、これを幕府に献じた。その功により明和四（一七六七）年、書物奉行に任じられ、明和六（一七六九）年に七二歳で書物奉行として現役のまま病没した。

†近藤重蔵守重

近藤《こんどう》重蔵守重《じゅうぞうもりしげ》（一七七一〜一八二九、第五四代書物奉行）は幼い頃から神童の名をほしいままにし、八歳で四書五経を諳んじ、一七歳で私塾「白山義学《はくさんぎがく》」を開いた。彼は生涯にわたり六〇余種・一五〇〇余巻の著作を残している。

寛政六（一七九四）年には松平定信が行った湯島聖堂の学問吟味に合格し、寛政一〇（一七九八）年からは蝦夷地の調査・開拓などに従事し、文化露寇の対応にも当たった。江戸に戻り、一一代将軍家斉《いえなり》に札幌地域の重要性を説き、その後の札幌発展の先鞭を開いた。文化五（一八〇八）年に書物奉行となるが、自信過剰で豪胆な性格が災いし、文政二（一八一九）年に大坂勤番御弓奉行《きんばんおんゆみぶぎょう》に左遷される。

重蔵は本宅のほか、三田村鎗ヶ《やりが》崎《さき》（現在の東京都目黒区中目黒）に広大な土地を所有していたが、文政九（一八二六）年、屋敷の管理を任せていた長男の近藤富蔵《とみぞう》が敷地争いから町民七名を殺害して八丈島に流罪となり、父の重蔵も連座して近江国大溝藩《おおみぞ》（藩主は分部《わけべ》光寧《みつやす》。現在の滋賀県高島市）に預けられる。

大溝藩は緊急に陣屋敷地内に牢屋敷を増築し、重蔵を迎えた。京に近く、学問への関心が高かった大溝藩で重蔵は罪人でありながら丁重に扱われ、書物を与えられて藩士を相手に意見交換を行ったり、藩士と漢詩を唱和したりしていたという。重蔵はここで本草学書『江州本草《えしゅうほんぞう》』全三〇巻を著し、文政一二（一八二九）年に五九歳で死去した。

†高橋作左衛門景保

高橋作左衛門景保《たかはしさくざえもんかげやす》（一七八五〜一八二九、第五七代書物奉行）は天文学者の父・高橋至時《よしとき》の長

男として大坂に生まれ、天保暦の作成者として知られる渋川景佑《かげすけ》は弟に当たる。文化元（一八〇四）年、父の跡を継いで江戸幕府天文方《てんもんかた》となり、天体観測・測量、天文関連書籍の翻訳などに従事する。また翻訳など語学にも才能を発揮し、その俊英ぶりは広く知られていた。

伊能忠敬《いのうただたか》の全国測量事業を監督して全面的に援助し、忠敬の没後は実測をもとに『大日本沿海輿地全図《だいにほんえんかいよちぜんず》』を完成させた。ちなみに忠敬は景保の父・至時の弟子である。文化五（一八〇八）年にロシア使節ニコライ・レザノフが来日した際、持参した満州語で書かれたロシアからの国書の翻訳を命じられ、たった一冊の満州語・漢語の対訳辞書を頼りに独学で、文化七（一八一〇）年に満州語による国書の日本語訳『魯西亜国呈書満文訓訳強解《ろしあこくていしょまんぶんくんやくきょうかい》』を完成させた。

文化一一（一八一四）年に書物奉行兼天文方筆頭に就任した。文政九（一八二六）年、シーボルトがオランダ商館長の江戸参府に随行して江戸に来た際に交流を持ち、お互いが欲しい資料を交換することを約束した。景保が提供したのは日本地図と蝦夷地図で、シーボルトが提供したのはクルーゼンシュテルンの『世界一周記』とオランダ領東インドの地図であった。

文政一一（一八二八）年九月、シーボルトが帰国の際に景保の提供した地図を持ち出そうとしたことが発覚する(シーボルト事件)。景保は罪に問われて伝馬町《てんまちょう》牢屋敷に投獄され、判決が下る前の文政一二(一八二九)年三月に病のため四五歳で獄死している。地図を外国人に提供することは国家安全保障上の重大犯罪であるため、遺体は塩漬けで保存され、翌年の四月に改めて遺体が引き出され、罪状申し渡しの上斬首刑に処せられている。このため、高橋景保の公式書類上での死因は病死ではなく、死罪とされる。

なお、近藤重蔵と景保は文化一一(一八一四)年二月から文政二(一八一九)年二月までの間、同僚として書物奉行を勤めていた。近藤は国後島《くなしり》や択捉島をはじめとする千島や樺太を日本領として防衛すべく努力し、景保はその地図化に関わったが、その努力の成果が命取りとなった。上野の源空寺《げんくうじ》には高橋景保・高橋至時・伊能忠敬という大日本沿海輿地全図組三人の墓が並んでいる。

5 大名文庫・公開文庫

†主な大名文庫

家康の統治方針の基本は儒教を中心とした文治政策で、これは歴代将軍に受け継がれた。

家康は江戸城の富士見亭に文庫（図書館）を設立し、これを富士見亭文庫と称した。さらには院・公家所有古記録、図書を京都五山の能筆に三部ずつ筆写させ、一部を朝廷に、一部を富士見亭文庫に、一部を駿河文庫に納めたという。

諸大名も天下泰平の世になるにつれて文教に力を注いだ。家康の没後、駿河文庫本は遺命により御三家の尾張・紀伊・水戸に五・五・三の割合で分与された。これを駿河御譲本《するがおゆずりぼん》という。御三家ではこの御譲本をもとにした文庫事業を次のように展開した。

①尾張・蓬左《ほうさ》文庫

家康の死去に際し、九男の義直《よしなお》に与えられた駿河御譲本三〇〇〇冊をもとにし、名古屋城内に置かれた「御文庫」を起源とする。初代藩主・義直の「決して門外不出とすべからず」との言に基づき、江戸時代から公開されていた。北条家の金沢文庫旧所蔵を含み、一五～六世紀の朝鮮の活字本もある。現在は名古屋市博物館が管理している。

②紀伊・南葵《なんき》文庫

紀伊徳川家に分与された本をもとにした紀州藩の文庫とは別で、南葵文庫は江戸時代の成立ではない。徳川頼倫《よりみち》（一八七二～一九二五、日本文庫協会初代総裁）が東京都港区麻布飯倉にあった自邸内に設置した私設図書館であり、明治三五(一九〇二)年に開館した。蔵書数は約五万冊で一時期は一般公開もされており、英国式クラシック建築の図書館であったが、大正一二(一九二三)年の関東大震災後は東京帝大付属図書館が壊滅したため、蔵書を東京帝大に寄贈し、その歴史を閉じた。

徳川頼貞《よりさだ》(一八九二〜一九五四)によって収集された海外の音楽書や楽譜などのコレクション、「南葵音楽文庫」は平成二九(二〇一七)年より和歌山県立図書館で公開されている。

③水戸・彰考館《しょうこうかん》

水戸藩二代藩主、徳川光圀により始められた『大日本史』編纂局に始まる。後に水戸へ移され、ここで『大日本史』の編纂が行われた。明治維新後も『大日本史』の編纂を続け、明治三九(一九〇六)年に完成し、文庫は修史事業の終了とともにその役割を終えた。昭和二〇(一九四五)年に水戸空襲で焼失し、一部が徳川博物館の彰考館文庫に引き継がれた。

④尊経閣《そんけいかく》文庫

加賀藩前田家の文庫で、新井白石《はくせき》に「加賀は天下の書府なり」と言わしめた我が国屈指の古典文庫である。現在は財団法人前田育徳会が維持管理し、和漢書約一万冊が所蔵され、藤原定家自筆の『土佐日記』をはじめとする国史・国文学関係書や漢籍に明版《みんぱん》が多いという特徴がある。国宝二二件、重要文化財七五件を所蔵している。

⑤佐伯《さいき》文庫

佐伯藩（大分県佐伯市）の八代藩主、好学の毛利《もうり》高標《たかすえ》（一七五五〜一八〇一）により毛利氏居城内に設置され、藩校・四《し》教堂《こうどう》でも用いられた。宋元明の古版本、長崎経由の漢籍や洋書が八万冊程度あったといわれるが、後に十代藩主高翰《たかなか》の時に善書二万冊を選び、幕府の紅葉山文庫に献納し、この分は現在も内閣文庫本として国立公文書館に伝わる。文庫は明治時代に閉庫し、その蔵書は宮内庁書陵部、内閣文庫、大分県立図書館、佐伯図書館などに分散しているとされる。

ここではこの他の大名文庫については省略し、図書館史の専門書に譲りたい。

†主な公開文庫

江戸時代になると出版が盛んになり、社会に出回る本の数は増えたが、それらを集め、誰もが自由に使える公共図書館的な施設をつくることはなかった。しかし時代が進み、庶民の学習力が高まるにつれ、いくつかの図書館的な組織が出現している。次に、今日の公共図書館に近い役割を担った文庫、およびその主宰者の例を挙げておく。

①経誼堂《けいぎどう》

岡山の河本《こうもと》家は「灰屋」を屋号とし、代々備前藩の町方惣年寄筆頭《まちかたそうとしよりひっとう》を務めた岡山の豪商であり、一阿《いちあ》はその五代目である。四代目の巣居《そうきょ》（一六九七～一七七五）は廻船問屋《かいせんどいや》として全国をめぐる間に万巻の書を収集し、岡山市北区京橋町の屋敷内に文庫をつくった。経誼堂という名は四書五経の「経」とつながりを意味する「誼」から来ている。

五代目の一阿（一七二八～一七九六）は学校設立を藩へ願い出たが許可されず、六代目の立軒《りっけん》（一七四九～一八〇九）の時に図書館としてのみ、藩から正式に認められた。文化五（一八〇八）年の目録によると約三万二〇〇〇冊の蔵書があり、貸出もしていた。近隣の町人の学問道場でもあり、全国から文人墨客《ぶんじんぼっかく》が訪れたという。

経誼堂では宝暦七（一七五七）年から文化五（一八〇八）年まで図書改めが行われており、少なくとも五〇年間は岡山で公共図書館的な役割を果たしていたことがわかる。経誼堂の書籍の一部は東京帝国大学付属図書館へ寄贈されたといわれるが、それらは関東大震災による同大学図書館の焼失により失われた。また、河本家に残された書籍は太平洋戦争の空襲で失われた。

②青柳館《せいりゅうかん》文庫

青柳館文庫とは、仙台藩出身で江戸に出て成功を収めた公事師《くじし》兼商人の青柳文蔵《あおやぎぶんぞう》（一七六一〜一八三九）が、仙台藩に書籍二八八五部、九九三六冊と文庫を開設するための資金一〇〇〇両を献上し、それを広く活用させるため、天保二（一八三一）年に仙台藩が藩の医学校の敷地に公開の文庫として設けたもので、青柳《あおやぎ》文庫とも呼ばれる。

文蔵は文政一二（一八二九）年、学ぶ意思のあるものが貧しさゆえに書籍を読むことのできないことを憂い、蔵書を人々の学問に役立てることを目的として仙台藩に蔵書の献上を願い出たという（大友優香「仙台藩青柳館文庫の成立・運営と利用」『国史談話会雑誌』Vol. 52、二〇一二年、五〇〜五一頁）。翌天保元（一八三〇）年、仙台藩はこれを聞き届けて文蔵に十人扶持を与え、献上された蔵書は藩の所有となった。

仙台藩はこの書籍群を「監吏《かんり》ヲ置キ藩士ノ借覧《しゃくらん》ヲ許ス」としており、文庫は公開されていたとはいえ借覧できる者は限られていた。青柳館文庫は目付二名に管理され、利用する藩士は若年寄の許可を得た「書付《かきつけ》」をもって手続きをし、「出納通帳《すいとうつうちょう》」を提示することで書籍の貸出が行われたという（大友前掲論文、五一〜五六頁）。

文庫の利用は藩士に限られており、厳密な手続きが必要であったが、藩士の文化的なサロンを通じて庶民階級の文化人も書籍の内容を知ることができた。よって文庫が藩士に公開された意義は大きく、実質的には公共図書館的な機能を果たしていたと言える。

文庫は明治維新まで存続し、戊辰《ぼしん》戦争以降の混乱で蔵書は散逸したとされているが、明治七（一八七四）年に宮城師範学校が開設される際に一部の蔵書が同校に引き継がれ、明治一四（一八八一）年には残りの蔵書も宮城書籍館《しよじやくかん》（のちの宮城県図書館）の開設に伴い引き継がれた。太平洋戦争中、蔵書は青葉区愛子《あやし》と芋沢《いもざわ》の農家に疎開されていたため焼失を免れ、現在も宮城県図書館の「青柳文庫蔵書」に四五九部、三三三九冊が所蔵されている。

③射和《いざわ》文庫

射和文庫は富商・竹川竹斎《たけがわちくさい》（一八〇九～一八八二）が人材育成のため、嘉永年間（一八四八～一八五四）に多額の私費をつぎ込んで国内の文献を集め、鳥羽藩領の伊勢国飯野郡射和村（現三重県松阪《まつさか》市射和町）に開設した私設の文庫である。蔵書は竹斎が自ら収集した一万巻と親族から収められた三〇〇〇巻を合わせたもので、個人蔵書を地域社会に開放した幕末の公開文庫として知られる。

近世の文庫は個人文庫が一般的で、これは書籍を秘蔵するための施設であったが、射和文庫は開設当初から公開を前提としていたため、地域住民の利用に供する書籍が集められた。当時としては稀なこうした文庫活動を支えたのは「民学」の興隆、民間「文事」の振興という射和文庫創設の理念である。

明治以降は散逸し、現在ではおよそ三〇〇〇点を蔵するが、そこには本居宣長《もとおりのりなが》・荒木田《あらきだ》久老《ひさおゆ》・荒木田久守《ひさもり》などの自筆稿本や手沢本《しゅたくぼん》、勝海舟《かつかいしゅう》・佐藤信淵《のぶひろ》等の書簡、ヘボン（James Curtis Hepburn, 1815–1911）からの寄贈本等が含まれる。明確に旧射和文庫の蔵書と確認できるのは竹斎納本分三〇二部、西村広美納本分二七部、竹口信義《のぶよし》納本分七部で合わせて三三六部（種）である。現在、竹川家の土蔵収蔵資料は一三五五種、二九六八点が確認されており、そこには竹斎の日記や同家伝来の文書・記録および私的な蔵書等も含まれている。

国学や農政学を修めた竹斎は、勝海舟の政治顧問という立場で明治維新に大いに関わりを持った。開国を唱え、幕末に大活躍した海舟の考え方は竹斎が著した『護国論《ごこくろん》』『護国後論《ごこくこうろん》』に基づいている。竹斎は伊勢商人で、鎖国の中にあっても外国と関わりを持っていた。彼の考える護国とは鎖国を解き、文明開化を果たすことであり、これは時代に先駆けた革新的な考えである。

†国学の誕生

国学とは『古事記』『万葉集』などといった日本の古典に基づき、文献学的に儒教、仏教渡来以前の古代日本の思想・精神やそれに基づく文化を明らかにしようとする学問である。これは近世における学術の発達とそれに伴う出版物の増大、国家意識の高まりに伴う和書籍等の集積を前提とするもので、日本中心主義や復古思想に影響を与えた。儒教の古典や仏典の研究を中心とする学問傾向を批判することから生まれ、儒教や仏教の影響を受ける以前の古代日本にあった独自の文化、思想、精神世界（古道《こどう》）を明らかにしようとする学問である。

江戸時代中期の歌学者・契沖《けいちゅう》（一六四〇〜一七〇一）が創始したとされるが、その源流は江戸時代の初期から現れていた。なお「国学」の語が使われるようになったのは、契沖に学んだ荷田春満《かだのあずままろ》（一六六九〜一七三六）の頃からである。

国学の方法論は、国学者が批判の対象とした伊藤仁斎《じんさい》の古義学や荻生徂徠の古文辞学から大きな影響を受けている。契沖以後の国学は「古道」を解明していく流れと、実証により古典の文献考証を行う流れとに分かれて発展した。古道説は賀茂真淵《かものまぶち》（一六九七〜一七六九）、本居宣長（一七三〇〜一八〇一）により確立され、町人や地主層の支持を集めた。その後は平田篤胤《あつたね》（一七七六〜一八四三）によって復古神道が提唱されるなど宗教色を強めていき、復古思想から尊王思想へと発展した。

実証主義的な国学者としては塙保己一と伴信友《ばんのぶとも》が知られる。塙保己一は和学講談所を設立し、国史の講義と史料編纂に従事したことはすでに述べた。彼の労作である『群書類従』は古資料を収集・編纂したものである。伴信友は宣長の古典の考証的研究を継承し、近世考証学派の大家となった。

平田篤胤によって復古神道が大成された頃も、真淵の門人であった村田春海《はるみ》らのように契沖以来の実証主義的な古典研究を重視する立場から平田国学に否定的な学派もあり、ひとくちに国学といってもその内情は複雑であった。その後、実証主義的な国学は明治以降の国文学や国語学（「契沖、真淵、宣長以来の国学の伝統に連なる最後の国学者」と評された国語学者・山田孝雄《よしお》が確立した）、民俗学（新国学）等の基礎となった。

国学は和学（和書）の累積やそれに関する文献・記録類が存在し、文献学的な世界が展開することで初めて可能となる。つまり書籍の公共圏があって初めて可能となる学問であるが、これは国学に限ったことではない。諸科学の研究も、各分野の先賢による研究実績の蓄積があって初めて可能となる。ゆえに図書館は知の進化の核であり、中心にある。国学が発展した経緯からも、図書館が国の文化の基礎となっていることが理解できるだろう。

第四章

幕末・明治・大正

——書籍公共圏・近代的図書館の成立

国際子ども図書館（旧帝国図書館）

1　幕末から明治へ

†幕末・明治初期というひとつの流れ

諸外国の知識人にとって、さらには日本の心ある教養人にとっても次のことは疑問であろう。日本は江戸幕府の鎖国体制から解き放たれ、わずか半世紀足らずの間に当時の巨大国、清やロシアと戦い勝利した。先進諸国の支援があったとはいえ、なぜ日清・日露の両戦役に勝利し、第一次世界大戦では連合国側の一員として国際連盟の五大強国の一角を占めるまでになったのか。また、特に図書館に関心を持つ人々は日本が先進西欧文化からいかにして先進的な軍事科学、科学技術、さらには立憲民主体制までをも学び、その基盤としての図書館がいかに機能したかについても関心を持つであろう。

しかし明治維新をひとつの区切りとする視点からは見えないものが、江戸期の幕藩体制期から明治の開国期までをひとつの流れとして捉えると見えてくる。図書館や書籍文化の世界を、幕末から明治・大正期までの連続した時間の流れに置いてみると、次のようなことがわかる。

鎖国体制下にあっても、日本人が先端的な西欧の知識・情報を得るための媒体は書籍だけではなかった。西欧人など人を介しての情報の移入もあり、時の経過とともにその比重が徐々に増えていった。本から学んだ人、西欧人から直接学んだ人を教師として学校で教わる。学校が情報伝達の媒体となり、文庫や図書館よりも学校・寺子屋等学塾での教育が重視された。文庫や図書館等は学塾の付属物に過ぎなかった。

享保の改革の中で幕府は早くも、漢訳洋書の輸入を解禁した。幕府は鎖国体制の中ですべての情報の移入を禁じたわけではない。将軍に必要な海外の情報の入手はしており、宗教書は禁じても医書をはじめとする洋書の輸入もそのひとつであった。蘭学塾などでそれらの洋書の「会読《かいどく》」が行われた。一般的な教育制度の整備も行われ、上は幕府官立の昌平黌、官許懐徳堂に始まり各藩の藩校、各地の郷学、町内の寺子屋に至るまで、江戸期の教育体制は全国一律の形式ではないものの、整備された。当時、日本の識字率は世界でも最高水準といわれるまでに高まった。

また、整備された藩校などには文庫が付設され、街やその近郊は貸本屋の商圏となった。前章でも触れたように、江戸時代の代表的な文庫として将軍家の紅葉山文庫があり、この文庫の管理は若年寄配下の書物奉行に任された。書物奉行は書籍管理の実務を書物方同心に行わせ、同心たちは書籍業者などの出入り業者の助力のもとに任務を遂行した。

出版業も栄え、書物問屋、地本問屋の系統に分かれ、書籍文化の内容をそれぞれ豊かにし、江戸時代の文化を拡大・発展させた。浮世絵や瓦版《かわらばん》・読売《よみうり》などの短報形式の印刷・出版物により新しい出版産業の創出は印刷・出版事業に技術革新を起こし、整版印刷から活版印刷に移行した。その結果、板木に過大な資本を投下していた旧来の出版産業資本が衰退し、維新期前後には出版産業の事業主体が大きく変化し、現代につながる新聞業界や出版産業界が徐々にその姿を現す。

幕末に福澤諭吉《ゆきち》によって紹介された西欧型の図書館（ビブリオテーキ）は明治五（一八七二）年に東京で官立の書籍館《しょじゃくかん》、京都で公設・民営の京都集書院《しゅうしょいん》として開設された。どちらもサービスは有料であったが、書籍はここで初めて公共圏に公開され、料金を支払えばすべての人がアクセス可能となった。しかし「図書館」という用語（これは和製漢語である）が一般化するには、書籍館開館から一〇年以上の時間を要した。

日本に書籍公共圏ができたとはいえ、それが近代的な図書館として機能するには不十分であり、少数の先覚者が努力したがその多くは十分な成果が得られなかった。図書の世界が拡大すれば、そこには当然、書誌調整の動きが起きる。江戸時代には和書の世界を対象に塙保己一により『群書類従』の編纂が行われたが、日本は百科全書やその類書の編纂には向かわず、新たな学術分野としての「国学」が発展した。百科事典としての『古事類苑』や和書の目録『国書総目録』の編纂が始まるのは明治以降のこととなる。

†活字印刷の台頭による本屋仲間の衰退

江戸時代に本屋仲間がつくられ、それが上方（京・大坂）から拠点を江戸に移した後、書物問屋と地本問屋に分かれたことは前章で述べた。書物問屋は古典の刊行を中心とし、なおかつ本屋仲間で板木を商取引の対象とした。つまり今で言うところのサイドビジネスであるが、時とともにこれがメインビジネスに変化していく。一方、地本問屋は庶民からの要求に応えるかたちで草双紙、浮世絵版画、浄瑠璃本（正本）などを印刷・発行した。

老中田沼意次《おきつぐ》の時代、天明二（一七八二）年から同八（一七八八）年にかけては天明の大飢饉、江戸時代後期の天保四（一八三三）年から同一〇（一八三九）年にかけて天保の大飢饉が起き、幕府の財政的逼迫から社会不安が広がり、時事的な情報に対する需要が高まった。書物問屋、地本問屋はこれに対応せず、木版で速報・情報を短報形式での瓦版、読売、一枚刷りなどとして売りさばいたのは香具師《やし》などの露天商が主体であったという。これらの多くは本屋仲間ではなく、その社会的評価も一段低いものであったと言える。明治になると瓦版等は新聞に取って代わられるが、その先駆的な役割を果たしたことは事実である。

長崎に来航するオランダ船に詰まれていた活版印刷機に触発され、長崎奉行所が安政三

（一八五六）年に活字判摺立所を開設したとき、長崎通詞《つうじ》の本木昌造《もときしようぞう》（一八二四〜一八七五）は取扱掛《とりあつかいがかり》に任命され、和蘭書や蘭和辞典の印刷刊行に取り組んでいた。彼はその経験を生かして日本語の活字開発に挑戦し、明治二（一八六九）年に活版伝習所《かつぱんでんしゆうじよ》を設立し、上海で印刷所の所長をしていたウィリアム・ギャンブル（William Gamble, 1830–1886）から活版印刷のための活字鋳造・組版の手ほどきを受けた。

本木昌造の門弟達が東京で築地活版製造所、大阪で谷口印刷所（大阪活版所）をそれぞれ設立し、日本の近代活版印刷は裾野を広げた。築地活版製造所が長崎の活版製造所から引き継いた書体は「築地体《つきじたい》」と呼ばれ、日本で現在使われている印刷文字の源流となった。

これとは別に、江戸幕府によって安政二（一八五五）年に設立されていた洋学所は外国書物の翻訳をし、教材を出版するべく、かつてオランダから贈られていた欧文活字と鉄製の活版印刷機を活用することになった。この洋学所は後に開成所《かいせいじよ》（東京大学の前身）となり、オランダ語はもちろんのこと英語、フランス語、ドイツ語の翻訳出版を手がけることとなった。これは、本木昌造とは異なるルートで近代印刷技術が発展していったことを物語っている。

明治になると日本でも活字印刷が主流となり、版木《はんぎ》による整版印刷は急速に時代遅れとなった。したがって板木の売買も時代遅れとなり、そこにビジネスの重点を置いていた書物問屋は没落した。一方で地本問屋は読者の時事的情報への関心の高まりに着目し、逐次刊行物（雑誌等）を刊行するようになる。また、教材の印刷は先に述べた開成所や福澤の慶應義塾のような学校が行った。これにより、出版業者が大きく代替する事態が起きた。これは、日本の整版印刷から活版印刷への印刷革命が生じたことをも物語っている。

†明治期における出版の変化

こうして、江戸の出版業者は（基本的には京・大坂の出版業者も）現代出版の前提となる国民的な書籍市場を創り出してきたにもかかわらず、時代の流れを見る目が十分ではなく、自らが創造した市場の中で生き永らえることができないという悲劇が生じた。江戸時代、本屋仲間の固定資本となった板木・蔵書版木は印刷が現代的な金属活字印刷に移行し、高等教育が和漢学から洋学中心に移行する中で、急速にその価値をなくしていった。

その結果、書籍流通の市場は一方では瓦版（新聞）に、他方では洋書に市場を奪われ、書物問屋も地本問屋も急速にその経営基盤・市場を失っていったばかりか、蓄積した資本が漢籍等の版木などに投資されていたため、その経営上の財務基盤も失うこととなった。

印刷面での活字印刷という技術革新と西洋文明情報の伝達媒体である洋書、さらには短報型式での速報情報媒体の新聞等という市場を見落とし、自己改造に失敗した致命的な結果でもあった。

ただ、本(書籍)という情報伝達媒体の命脈が尽きたわけではない。それどころか「新聞」、「雑誌」という新たな情報パッケージの形式を取り入れた出版業は、書籍市場から情報市場となって存続・発展している。

特に新聞はその資本力で、二〇世紀末までの日本の情報市場において大きな影響力を持った。日本初の新聞(日刊紙)としては明治三(一八七〇)年一〇月創刊の『横浜毎日新聞』があり、これには本木昌造の活字が使用されたという。明治五(一八七二)年には『東京日日新聞』(現毎日新聞)が創刊され、その第一号は木版で刷られ、第二号から鉛活字、木活字併用で刷られたという。また同年には『郵便報知新聞』が、明治七(一八七四)年には『読売新聞』が創刊された。明治九(一八七六)年には『日本経済新聞』の前身である『中外物価新報《ちゆうがいぶつかしんぽう》』が三井物産から発刊され、明治一二(一八七九)年には『朝日新聞』、明治一五(一八八二)年には『時事新報』が創刊された。『時事新報』は昭和三〇(一九五五)年に『産業経済新聞』(昭和八(一九三三)年に『日本工業新聞』として創刊)に合同されるので、ここに現在の全国紙五紙がすべて揃ったことになる。

日本の新聞業界の特徴のひとつは「クロス・オーナーシップ」(新聞社が放送業に資本参加すること)が公認されていることで、新聞資本が放送業と新聞事業を兼業してマスメディアの世界を支配しており、日本の世論形成に大きな影響力を及ぼしている。国によっては言論の不偏不党を維持するため、このクロス・オーナーシップを法律で禁じている国もある。

日本のマスメディアは表面的には政治・権力を激しく批判する素振りを見せながらも、その実態は政治・権力と密着しているかのようであるが、それとは対照的に、日本の多くの出版資本の立場は政治的には多様で寡占化が進んでおらず、その結果、政治とは若干の距離を保っているかに見える。

ここで明治以降の主な雑誌等の出版についても少し触れておく。現存する雑誌としては明治二〇（一八八七）年に創刊された『中央公論』が最も古く、明治二八（一八九五）年に創刊された『東洋経済新報』（現『週刊東洋経済』）がそれに続く。時代は下り、作家の菊池寛《かん》（一八八八～一九四八）は大正一二（一九二三）年に『文藝春秋』を創刊して芥川賞・直木賞を創設し、文学者を育成するとともに世論の形成を図ろうとしたが、蔦屋重三郎のように文化の総合プロデューサーと称されるまでには及ばなかった。

明治以降、力を持った新聞資本は芸能やスポーツを含む多様な文化の創造や維持・発展に貢献した。一方、出版資本も漫画やアニメーションに代表される日本のポップ・カルチャー等の展開に貢献し、映画全盛期には映画文化の振興にも大きく関わっていた。

2　明治期の教育体制の確立・整備

†明治黎明期における学校制度の整備

幕府を倒し、王政復古の宣言の下に成立した明治新政府は、幕藩制社会の抜本的な改革に着手した。明治元（一八六八）年三月に示された基本方針「五箇条の御誓文」の第五項目に「智識ヲ世界ニ求メ大ニ皇基ヲ振起スヘシ」とあり、先進諸国の近代文化・文明の導入が求められたが、維新直後は「復古」の傾向が顕著であった。

まず教育に関して、東京（江戸）では新政府によって接収された旧幕府の学校を改編することとし、明治二（一八六九）年六月に大学校の設立が達せられた。これは旧昌平坂学問所を大学校（国学と漢学を併せて学ぶ）、旧開成所を開成学校、旧医学所を医学校として開成学校の分校とする構想であり、七月には政府の官制改革により教育行政と教育活動との二つの機能を併せ持つ「大学校」が発足した。一二月に「大学校」が「大学」と改称されるに伴い、旧昌平坂学問所跡の本部と国漢学校を「大学本校」、開成学校を「大学南校《なんこう》」、医学校を「大学東校《とうこう》」と改称した。

大学規則に基づく大学の改編をめぐり、優位に立った洋学派と国学派・漢学派との対立が激しくなり、政府は明治三(一八七〇)年七月、国学派・漢学派が本拠としていた大学本校を閉鎖した。大学の教育機能は大学南校と大学東校、すなわち洋学機関によって担われることとなり、新政府の教育政策・方針の転換は一層明らかとなった。

大学南校は明治二(一八六九)年から外国人教師を教授陣の主体とし、本格的な外国語教育を展開した。これにより、少なからざる外国書籍が教材として学内に蓄積されたことは容易に推測できるが、先端的西欧の知的情報の伝達媒体はお雇い外国人たる教授陣、すなわち人であった。

さらに、大学本校が閉鎖された明治三(一八七〇)年七月に貢進生《こうしんせい》制度が実施された。これは地方に留まっている優秀な人材を東京に集め、高等教育を授けて日本の近代化への原動力にしようとする試みであった。しかし藩体制を基盤としたため旧来の身分制に拘束され、人材選抜としての機能を十全には果たし得ないと判断されたため、文部省設置後の明治四(一八七一)年九月に廃止された。

大学南校は優れた学生や教員を選抜し、留学生として欧米諸国に派遣することとし、明治三(一八七〇)年八月にその第一陣が米国に赴いた。医学校では明治二(一八六九)年中にドイツ医学の採用を決定し、プロイセン政府に教師の派遣を依頼したため、明治四(一八七二）年七月に二人の教師が大学東校に着任した。大学東校は留学生をすべてドイツに派遣することとし、明治三（一八七〇）年一〇月にその第一陣が出発した。

政府の欧化教育方針に呼応して諸藩は洋学校を開設し、民間でも福澤諭吉の慶應義塾、近藤真琴《まこと》の攻玉社《こうぎょくしゃ》などの洋学塾が存在した。また中村正直《まさなお》の同人社《どうじんしゃ》、福田理軒《りけん》の順天堂《じゅんてんどう》、村上英俊《ひでとし》の達理堂《たつりどう》など洋学を基本とした私学も人気があり、新しい文明の息吹を学ぼうとする青年たちを引き付けていた。特に福澤は当時としては珍しく三回にわたって洋行しており、そのつど可能な限り主に英文の書籍を購入し、慶應義塾の教材とした。

†外国語書籍の移入とその受容

江戸幕府は八代将軍吉宗の時代、享保の改革の一環としてキリスト教に関係のない漢訳洋書の輸入の緩和を行い、幕末期には主に医学を学ぶ蘭学の塾がいくつか誕生した。そこでは洋書の「会読」というかたちで塾生が洋書を読み、海外の学術・科学知識や技術を学んでいた。洋書の翻訳本（和訳本）も出回っており、安永三（一七七四）年に刊行された『解体新書』はその代表的な例である。

開国に伴い、奈良朝から平安期、鎌倉期と同様に外国語書籍の流入が盛んな時代に入ったが、明治新政府は主要な分野の基本的な洋書を集めて翻訳し、その情報を共有できる体制を構築することにさほど積極的ではなかった。それよりむしろ教育制度を整備し、留学生を先進西欧諸国に派遣し、帰国後には社会の指導的立場に彼らを据え、なおかつお雇い外国人を教師として招くことに力を入れた。つまり書籍よりも人、図書館よりも学校教育を優先することで、文明開化・富国強兵策に対応しようとした。もちろん情報メディア、あるいは教材として書籍は重視されたが、主となるのはあくまで人を介した学校での学習・教育であった。

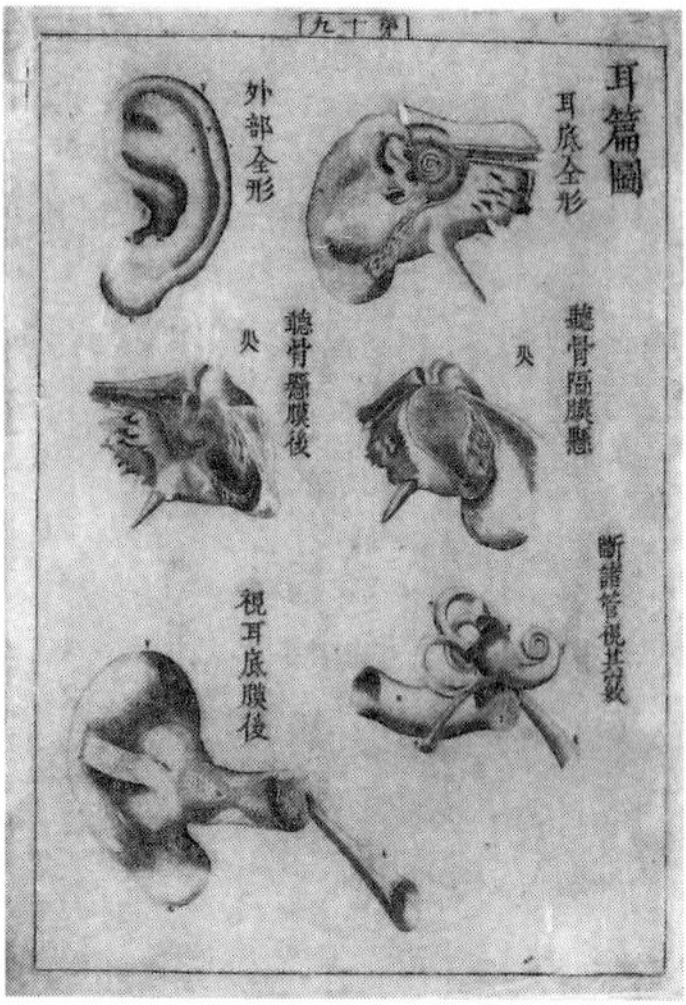

『重訂解体新書』（1826）

官民における教育機関の拡充

江戸時代の後半、日本は高度な学習能力を有する人材を育てる教育・学習環境を整備していたからこそ、開国後にただちに留学生を送り出し、なおかつ外国人教師を受け入れることが可能であった。すなわち、すでに相当な教育・学習環境が整備されていたことにより、文明開化・富国強兵策への迅速な対応が可能となったのである。特に各藩校、寺子屋での初等教育に加え、徒弟制度による職人の教育は極めて高い水準にあり、明治新政府の「富国強兵」政策に大きく寄与した。その成果としては佐賀藩による日本最初の国産実用蒸気船「凌風丸《りょうふうまる》」の建造・進水、長崎海軍伝習所を引き継ぎ、佐野常民《つねたみ》の監督の下で建造された三重津《みえつ》海軍造船所の開設（國雄《くにたけ》行《ゆき》『佐野常民』佐賀県立佐賀城本丸歴史館、二〇一三年、一一〇頁）、江川太郎左衛門英龍《えがわたろうざえもんひでたつ》（一八〇一〜一八五五）による伊豆・韮山《にらやま》での大砲製造のための反射炉建造など、自主自立的な新技術の習得・応用事例は枚挙にいとまがない。

当時は文部省のみならず、他の諸官庁においてもそれぞれの必要に応じて外国人教師を招き、専門教育機関を設立していた。たとえば明治四（一八七一）年設立の工部省工学寮に起源を持ち、明治一〇（一八七七）年に改組された工部大学校、明治五（一八七二）年に開拓使仮学校として東京に設立され、後に札幌に移転した札幌農学校、司法省の法学校、農商務省の駒場農学校・東京山林学校などがそれである。

明治一〇年代後半に入ると政府は財政支出の節減、人材養成制度の効率化のため、これらの専門教育機関を文部省へ移管し、その多くは東京大学と合併して帝国大学の母体となった。特に欧米諸国に先駆けて、一九世紀後半という早い時期に工学部を帝国大学という総合大学の一学部として開設したことは、日本の軍事・産業技術を向上させることに大きく貢献したとされている。学校での学理教育と現場での実地訓練を交互に行う工部大学校独自のカリキュラムは、人材を育てるうえで大きな力となった(畑野勇『近代日本の軍産学複合体』創文社、二〇〇五年、一五～四三頁)。

一方で維新の改革動向に触発された青年たちの学習意欲の高まりから、数多くの公私立専門教育機関が設立された。公立の機関では外国語学校の多くが中学校に改組され、プロイセン医学以外の医学校は明治一〇年代後半から徐々に廃校となったが、私立専門教育機関は東京・京都・大阪などの都市部に数多く誕生した。外国語教育機関としては先述の慶應義塾や中村正直の同人社、医学校としては済生学舎《さいせいがくしゃ》(日本医科大学の前身)や、キリスト教主義の学校としては同志社、東京英和学校(青山学院の前身)などがあった。

さらに東京法学校(法政大学の前身)・専修学校・明治法律学校など私立の法学校が多数設立された。大隈重信《おおくましげのぶ》(一八三八～一九二二)が明治一五(一八八二)年に創設した東京専門学校(後の早稲田大学)もこの系譜に属する。

3　日本の科学技術力はいかにして向上したか

†幕末の洋学の教育体制

幕末の洋学機関として、蕃書調所（第三章参照）と並んで重要な意義をもつものに長崎海軍伝習所がある。これはペリー来航後まもなく、幕府が長崎奉行を通じてオランダから艦船の寄贈を受け、教官隊を招聘し、航海術・砲術等の伝習を受けるために設けられた学校である。安政二（一八五五）年に第一回の伝習が行われ、安政四（一八五七）年に第二回の伝習が行われている。この伝習所は安政六（一八五九）年に閉鎖されており、設置の期間は短かったが、日本の洋学教育において極めて重要な役割を果たした。

海軍伝習所ではオランダ語学をはじめとして航海術・造船学・砲術・測量術・機関学、さらにはその基礎として西洋数学・天文学・地理学などがオランダ人によって教授された。ここには幕府関係者のほか、諸藩からも多数の者が参加し、勝麟太郎《りんたろう》（海舟、一八二三〜一八九九）など幕末維新期の指導的な人材を輩出している。長崎海軍伝習所のほかに注目すべき例として、幕府が安政四（一八五七）年、築地の講武所《こうぶしょ》内に設けた軍艦操練所がある。

洋学の中でも、西洋医学は独立した分野として早くから発達していた。蘭学はもともと医学を中心として発達し、我が国の西洋医学は蘭学者によって始められた。幕府の医学館は漢方医学の機関で西洋医学を取り入れなかったため、最初のうちは民間の塾で西洋医学の教育が行われていた。幕府が西洋医学所を設けたのは文久元(一八六一)年であるが、その前身は安政五(一八五八)年に蘭医・伊東玄朴らが江戸に設けた種痘所(種痘館)である。万延元(一八六〇)年にこれが幕府直轄の種痘所となり、翌年に西洋医学所と改称された。文久二(一八六二)年に緒方洪庵《おがたこうあん》が頭取となり、翌文久三(一八六三)年に医学所と改称され、洪庵の没後は松本良順《りようじゆん》(後の初代陸軍軍医総監)が頭取となり整備された。明治維新後は新政府によって復興され、開成所とともに大学東校として帝国大学創設の母体となった。

長崎は江戸とともに、幕末における西洋医学の中心地であった。長崎ではオランダ軍医ポンペ(Johannes Lijdius Catharinus Pompe van Meerdervoort, 1829–1908)によって西洋医学の伝習が始められ、安政四(一八五七)年に開講している。これが長崎の医学伝習所であり、後に医学所頭取となる松本良順らが学んでいる。ここでは西洋医学のほか化学・物理学・生理学なども授けられ、オランダ語の教育も行われた。その後、西洋式病院の養生所《ようじようじよ》および医学所が設立され、諸藩から派遣されて学ぶ者も多かった。元治元(一八六四)年、物理・舎密《せいみ》（化学）の研究所として分析究理所が設立され、この頃から長崎の医学所は病院、分析究理所を合わせて精得館《せいとくかん》と呼ばれた。明治維新後は長崎府所管となって医学校と改称され、後に文部省所管の長崎医学校となった。日本最古の医学教育機関を自負する、現在の長崎大学医学部の前身である。

江戸時代の長崎はオランダを通じて西洋文化を摂取する窓口であり、洋学者の多くはまずここで蘭学を学んだ。幕末には蘭学のほか、英語などその他の外国語の能力取得が必須で、語学のためだけの教育機関も設けられている。安政五（一八五八）年に英語伝習所が設けられ、文久三（一八六三）年にこれは洋学所（語学所）と改称され、英語のほか蘭・仏・露・清の諸国語および西洋数学を授けた。その後、済美館《せいびかん》と改称したが、ここではフルベッキ（Guido F.Verbeck, 1830-1898）など外国人教師が指導に当たり、明治維新以後に活躍する著名な人々がここに学んでいる。維新後は長崎府の広運館《こううんかん》となり、次いで文部省所管となった。

†諸藩および民間における洋学の教育

幕末維新期には諸藩においても洋学および洋学校が発達し、佐賀藩、薩摩藩、信州の松代藩、水戸藩などは早くから洋学を導入した。初期の洋学は好学の藩主によって奨励され、発達したものが大半であったが、幕末になると軍事上・実用上の見地から諸藩で洋学校が設立された。

たとえば薩摩藩では長崎の海軍伝習所に多くの藩士を派遣し、軍事科学を学ばせる一方で、西洋式近代産業技術の導入にも力を注いだ。また加賀藩（金沢）では安政元（一八五四）年、西洋砲術を導入するために壮猶館《そうゆうかん》を設け、これが洋学校として発展した。山口藩（萩）でも藩校明倫館《めいりんかん》に早くから洋学を取り入れたが、安政三（一八五六）年には独立の西洋学所（博習堂《はくしゅうどう》）を設け、航海・砲術のほか科学一般を授けている。福井藩では安政四（一八五七）年に藩校明道館《めいどうかん》内に洋学所（洋書習学所）を設け、藩士に西洋兵学および洋書を学ばせている。その他の諸藩でも藩校に洋学関係の科目を加え、あるいは独立した洋学校・西洋医学校を設けている。さらに薩摩藩、長州藩、佐賀藩などは密航の形をとってまで、藩士を西欧諸国に留学させてもいる。

幕末には時代の動きを反映し、民間の洋学塾も発達した。蘭方医学の塾としては江戸の伊東玄朴（幕府医学所の基になる種痘所を開いた）による象先堂《しょうせんどう》、大坂の緒方洪庵（後に幕府種痘所をもとにした西洋医学所の初代頭取就任のため、江戸へ呼び寄せられる）による適々斎塾《てきてきさいじゆく》（適塾《てきじゆく》）が特に有名である。これらは蘭方医学とともに、オランダ語を授ける蘭学塾でもあった。また幕末には近藤真琴の攻玉社（塾）のように、科学技術方面の洋学塾も設けられている。

日本が開国・維新後、急速に先進西欧諸国の技術水準に到達し、富国強兵策を実現できたのは、江戸幕藩体制下で儒学、国学等の教育研究体制が整備されていただけでなく、幕府、各藩、さらには私塾に至るまで、医学を筆頭として軍事学を含む自然科学・科学技術の教育研究体制が全国規模で広がっていたからにほかならない。

†大学制度の確立・発展と岩倉使節団の功績

明治新政府の欧化教育方針に呼応し、民間でも福澤諭吉の慶應義塾などの洋学塾が設立され、やがてそういった私学でも外国人教師の招聘や学生の海外への派遣・留学という動きが出てくる。慶應義塾は明治二三（一八九〇）年の大学部発足に際し、福澤がハーバード大学総長チャールズ・W・エリオット（Charles William Eliot, 1834–1926）に教授の派遣を要請したことによりウィリアム・リスカム（William Shields Liscomb, 1848–1893）、ギャレット・ドロッパーズ（Garrett Droppers, 1860–1927）、ジョン・ヘンリー・ウィグモア（John Henry Wigmore, 1863–1943）が来日した。彼らはそれぞれ文学・理財（経済学）・法学の主任教授（現在の学部長に相当する）に就任するとともに各学部の学科課程（カリキュラム）を定め、帝国大学をも折に触れて指導している。

殖産興業を管轄した工部省では明治四（一八七一）年、工業分野の学校設立の構想を打ち出し、九月に工学寮を開校した。教員はすべて外国から招聘する予定であったが、候補は定まっていなかった。この構想に基づき設置された工部大学校（当初の名称は工学寮）は、現在の東京大学工学部の前身の一つとなる。教員の人選は岩倉使節団の副使として渡航する工部《こうぶ》大輔《たいふ》、伊藤博文《ひろぶみ》（一八四一～一九〇九）に委ねられることになった。

岩倉使節団がロンドンに到着すると、伊藤は教員の人選に取りかかった。そこで紹介されたのがヘンリー・ダイアー（Henry Dyer, 1848-1918）であった。ダイアーは明治六（一八七三）年六月、二四歳の若さで工部省のお雇い外国人として来日し、一八八二（明治一五）年まで工学寮（一八七七年に工部大学校に改称）の初代都検（教頭の意、実質的には校長）を務めた。ダイアーはかねてから技術教育に興味を持っており、彼の発案により、学校での学理教育と現場での実地訓練を交互に行う工部大学校独自のカリキュラムが作られた。

工部大学校は土木、機械、電信、造家《ぞうか》（現在の建築）、化学、鉱山、冶金《やきん》の七つの専門学科を持つ、当時としては世界的にも稀な総合的技術教育機関であった。修業年限は六年間で、徒弟教育をしているに過ぎないイギリスや理論教育しかできないフランスやドイツの技術教育と比べて、日本では実地訓練と結びついた高度な理論教育が行われているとイギリスの『ネイチャー』誌は高く評価したと伝えられる。

この工部大学校の卒業生からはタカジアスターゼとアドレナリンを発明した高峰《たかみね》譲吉《じょうきち》

（一八五四〜一九二二）、東京駅や日本銀行本店などを設計した辰野金吾《たつのきんご》（一八五四〜一九一九）など優秀な人材を数多く輩出した。

†草創期の社会教育――博物館と図書館（書籍館）

文部省は当初、近代学校制度の整備に重点を置いたため、社会教育の施策としては東京に図書館（書籍館《しよじやくかん》）と博物館を設立するにとどまった。

国のこのような動きに対し、上方、京都では、京都府が集書院《しゆうしよいん》の設立を計画し、着手した。京都では幕末期の町組を基盤として、明治二（一八六九）年の段階で、国の学制の制定に先立ち、六四校もの小学校が設立されていた。この学校を補完すべく民間の書籍商である大黒屋太郎右衛門《だいこくやたろうえもん》が宅間太兵衛《たくまたへえ》等との連名で貸本業（集書会社）の開業を府に届け出たところ、府も書籍館的な施設（集書院）の開設を模索していた。そのことを知った大黒屋をはじめとする発起人たちは、府の集書院が完成した暁にはその施設や土地の有料での貸し付けを受け、貸本事業を行いたいと願い出た。府はこれを受け入れ、明治五（一八七二）年五月に京都集書院（集書会社）が開設され、有料での閲覧サービスを開始した。東京の書籍館の開館（明治五年九月）にわずか四カ月ではあるが先立っている。

ただし、書籍館も集書院も入館・閲覧は有料であり、集書院は貸本屋的なサービス形態を色濃く残していたことは言うまでもない。ただ有料であったとは言え、料金を支払えば、利用者はその出自、職業、性別、年齢、居住地等に関係なく蔵書の利用が可能になるという「書籍の公共圏」が東京と京都に開かれた意味は大きかった。

明治一二（一八七九）年に公布された教育令の第一条には「全国ノ教育事務ハ文部卿之

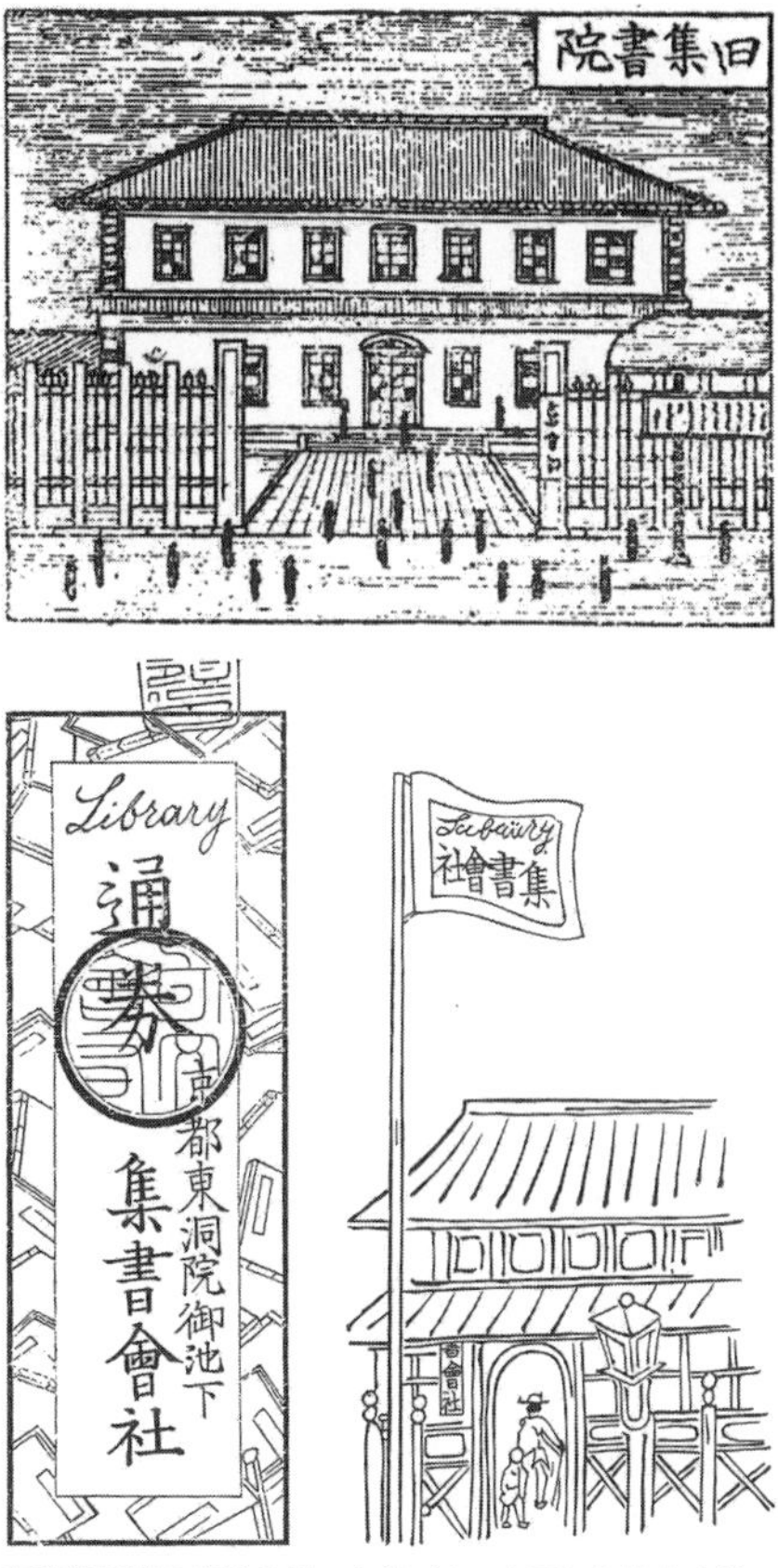

京都集書院の建物を描いた絵（上、右下）と集書会社の通券（左下）

ヲ統摂《とうせつ》ス故ニ学校幼稚園書籍館等ハ公立私立ノ別ナク皆文部卿ノ監督内ニアルヘシ」とあり、初めて「書籍館（図書館）」の語が行政的法文・令規として登場したが、学校の設立が進む一方で図書館の普及ははかばかしくなかった。政府は明治三三（一九〇〇）年に公布された第二次小学校令で初めて図書館を規定の中に加え、制度化への方向を示した。

明治三二（一八九九）年に図書館令が公布され、公立・私立の図書館に関する基本法制が示されたが、これは図書館のみならず社会教育施設に関する最初の独立法規とされている。これにより公共図書館は急速に発達し、文部省（当時）の『学制百二十年史』によれば明治三二年から大正五（一九一六）年までの一七年間で約三〇倍に増加したという（『学制百二十年史』ぎょうせい、一九九二年）。

小野則秋は文部省の「図書館一覧」により、昭和一〇（一九三五）年前後の日本の公共図書館の実数を道府県立四二館、市立一〇二館、町村立一〇四館、私立一二五館、加えて樺太二館、台湾三二館、朝鮮一九館、関東州・満州等の日本が経営すると考えられる図書館二七館で合計四五三館（内地だけに限れば三七三館）としている（小野則秋『改訂新版日本文庫史研究　下巻』臨川書店、一九七九年、五二九頁）。つまりこの時点で、全国での公・私の公共図書館総数は一〇〇〇館には遠く及ばなかった。

博物館は殖産興業を目指す社会教育施設として早くから計画されていた。明治四（一八七二）年、設立直後の文部省に博物局が置かれ、翌五（一八七二）年に博覧会を開催するなど活動を展開した。博物館は博覧会事務局に吸収された後、明治八（一八七五）年に独立して東京博物館と改称し、同一〇（一八七七）年に上野に移築し、教育博物館（現、国立科学博物館）と称した（文部省前掲書参照）。

4　近代西欧型図書館の紹介

†福澤諭吉と「ビブリオテーキ」

近代的な西欧型図書館ならびにその思想を初めて日本に紹介したものとして、多くの識者は福澤諭吉（一八三五～一九〇一）の『西洋事情』を挙げている（竹林熊彦「東京書籍館と浅草文庫」『図書館研究』Vol.7, No.1、一九三四年、四三～六二頁）。『西洋事情』は三編から成り、それぞれ慶応二（一八六六）年、慶応四（一八六八）年、明治三（一八七〇）年に刊行された。福澤は文久二（一八六二）年、幕府使節の翻訳方として派遣された際の洋行経験（彼自身としては二回目）をもとに『西洋事情』を著し、当時の日本人に先進西欧諸国の社会についての情報を伝え、啓蒙しようとした。『西洋事情』初編の巻之一には「文庫」という項目が設けられ、次のような記述がある。

西洋諸国の都府には文庫あり。「ビブリオテーキ」と云う。日用の書籍図画等より古書珍書に至るまで万国の書皆備《そなわ》り、衆人来《きた》りて随意に之《これ》を読むべし。但し毎日庫内にて読むのみにて家に持帰ることを許さず。竜動《ロンドン》の文庫には書籍八十万巻あり。彼得堡《ペテルブルク》（魯西亜《ロシア》の首府）の文庫には九十万巻、巴理斯《パリス》の文庫には百五十万巻あり。仏人云う、巴理斯文庫の書を一列に並るときは長さ七里なるべしと。文庫は政府に属するものあり、国中一般に属するものあり。外国の書は之を買い、自国の書は国中にて新《あらた》に出版する者よりその書一部を文庫へ納めしむ。（福澤諭吉『西洋事情』慶應義塾大学出版会、二〇〇九年、三九〜四〇頁）

福澤は近代図書館について「文庫」という伝統的な言葉を用いずに「ビブリオテーキ」と言い換え、「衆人来りて随意に之を読むべし」という公開性を強調している。ここでは、文献類の利用よりも集積に力点が置かれる「文庫」との違いを示すべく、あえて「ビブリオテーキ」という外国語を用いたと考えられる。

福澤は慶應義塾の「義塾」の意味を問われたとき、これは public school の意味だと答えており、public の意味を十分に理解していたはずであるが、ここではあえて「パブリック・ライブラリー」ではなく「ビブリオテーキ」としている。さらに設置主体の違いによりさまざまな図書館が存在すること、「自国の書は国中にて新に出版する者よりその書一部を文庫へ納めしむ」と納本《のうほん》制度についても言及していることも注目すべきである。福澤のこうした記述は第一回目の咸臨丸《かんりんまる》での訪米時（安政七／万延元〔一八六〇〕年）にサンフランシスコのマーカンタイル・ライブラリーを訪れた際に受けた鮮烈な印象がもとになっているのであろう。

維新後の明治新政府の方針について、竹林熊彦は次のように述べている。「明治新政府は百時更新の挙に出で、西洋文化の輸入に懸命の努力を払ったのであるから、図書館設立の計画も既に早くも当事者の肚裡には存したに違いない」。そして『官准《かんじゅん》中外新聞』（一八六九年三月二二日付）の次のような記事を紹介している。

小石川御門《こいしかわごもん》内元陸軍所、此度開成学校の添地となりたり。是は博物園并《ならび》にビブリヨテーキ等を追々取建つる為なりと云ふ。（竹林前掲論文、四五頁）

明治の初期、図書館について「ビブリオテーキ」という外国語が一時的に用いられていたが、当時の文化環境、社会風土において外国語は浸透しにくかったため、書籍館という名称が生まれたと考えられる。しかし見方を変えれば、当時の識者の間では文庫はビブリオテーキではなく、近代的な図書館こそがビブリオテーキであるとすでに認識されていたことを示している。

†書籍館と町田久成

明治五(一八七二)年、湯島聖堂内の博物館事務局の博物館に併設された書籍館は我が国における近代的な図書館の始まりとされる。

太政官政府は殖産興業という国家政策を掲げ、全国から産物を集めて物産展を開催するとともに海外との交易を重視し、日本の製品を外国へ輸出しようとした。そのため翌明治六(一八七三)年のウィーンの万国博覧会に参加・出展する方針を固め、準備機関として太政官直轄の博覧会事務局を設置した。博覧会事務局のメンバーのほとんどは薩摩藩出身の人物で占められた。

慶応三(一八六七)年のパリ万国博覧会には幕府・薩摩藩・佐賀藩がそれぞれ「日本」を名乗って出品した。薩摩藩は文久三(一八六三)年八月に、文久二(一八六二)年九月の生麦事件を発端とする薩英戦争を戦い、イギリスに負けはしたものの、この戦闘を通じて両者は互いに一目置くようになる。

薩摩藩ではその後、海外に通じた人材育成の機運が高まり、元治《げんじ》二（一八六五）年一月に一五名の薩摩藩士を密航のかたちでロンドンへ留学に出す（薩摩藩第一次英国留学生）。その際、五代友厚《ごだいともあつ》（一八三五〜一八八五）らとともに若い藩士たちのお目付け役として同行したのが町田久成《ひさすみ》（一八三八〜一八九七）である。

町田は島津家の分家の筋で目付の職にあったが、世が世であれば家老職であったという。彼は同年一〇月からロンドン大学ユニバーシティ・カレッジ法文学部の聴講生となり、一八六七年二月にパリ万国博覧会に参加している。彼は万博のことをよく知っているのみならず、英国滞在中には足繁く大英博物館に通っており、近代的な国家における博物館とそれによる国威発揚の必要性を痛感していた。

町田は骨董趣味で古い美術工芸品に関心を持っていたが、幕末から明治にかけては古いものには値打ちがないという風潮が強く、古い美術品が二束三文で外国に流出していた。彼はこの動きに危機感を持ち、明治四（一八七一）年にはわが国最初の文化財保存施策である「古器旧物保存方《こききゅうぶつほぞんかた》」を定め、集古館《しゅうこかん》（博物館）の建設を太政官に求めていた（関秀夫『博物館の誕生』岩波新書、二〇〇五年、七二〜八八頁）。

町田がモデルとする大英博物館には図書館部門があった（一九七二年、大英図書館法により図書館部門は大英博物館から切り離されたが、一九九七年までは博物館内に分離された大英図書館を受け入れていた）。町田は日本でも博物館の中に図書館を置き、歴史的文化財としての資料、埋蔵文化財としての考古学の資料、古典籍・古文書類などの図書館資料を重点的に収集すべきと考えていた（関前掲書、九二〜九五頁）。

では書籍館には具体的にどのような書籍があったのか。昌平坂学問所の実用的な蔵書は主として大学に移管されたものの、古典籍・古文書類は紅葉山文庫、昌平坂学問所、和学講談所、開成所の蔵書等が核となり、壬申検査《じんしんけんさ》（明治五〔一八七二〕年五〜一〇月に行われた日本初の文化財調査）で明らかになった書物に、町田や市川清流《せいりゅう》など個人から献納された書籍が加えられていた（長澤孝三『幕府のふみくら』吉川弘文館、二〇一二年、一五頁）。現在これらは内閣文庫蔵書となり、国立公文書館が所蔵・管理している。

†書籍館開館と町田・田中論争

町田は維新後、外務省に出仕を命じられるが、イギリスからの来賓（皇太子の弟）に過剰な接待をしたということで責任を問われ、明治三（一八七〇）年に文部省に配置替えとなり、博覧会事務局に出向となる。そして先に述べたように明治五（一八七二）年、町田を実質的な館長として博覧会事務局の博物館内に書籍館《しょじゃくかん》が設置された。

町田は明確な図書館構想を持つというよりはむしろ貴重書・希覯書《きこうしょ》の保存に関心があり、書籍ではとりわけ古典を重視していた。また若き日に大英博物館を訪れたこともあり、国威発揚のためにも書籍館の整備は必要不可欠と考えていた。

一方で文部大輔・田中不二麿《ふじまろ》（一八四五〜一九〇九）は、書籍館は民益を重視すべきで、蓄積した資料は国民の資産・教材であるから国民が自由に使えるような環境を整えるべきと考えていた。田中は尾張藩出身で、明治新政府の中枢にいた人物として尾張藩出身者は非常に稀である。明治四（一八七一）年に文部大丞《もんぶたいじょう》となり、同年一一月に岩倉遣欧使節団に文部理事官として随行し、欧米の学校教育を視察する。そこで図書館の重要性に着目し、帰国後に欧米教育制度を紹介した『理事功程《りじこうてい》』一五巻を著した。ここでは米国流の自由民主主義的な教育理念に基づき、近代的図書館について報告・提言している。

太政官直轄の博覧会事務局と文部省の間ではあらかじめ、次のような取り決めがあったという。資料類は明治六（一八七三）年のウィーン万国博覧会のため、博覧会事務局へ貸し出すが、博覧会終了後には文部省に返還する。しかしそこで、資料類の管理替えについて町田と田中の意見が衝突する。

町田は書籍館の資料類を自らのもとに置くため、従来の文部省管轄下から博覧会事務局博物館へと管理替えする必要があると主張した。一方で田中が率いる文部省側は約束通り、資料群は博覧会事務局から返還されるべきと主張した。

田中は町田の主張に猛烈な反対運動を展開したが、文部卿であった木戸孝允《たかよし》（一八三三〜一八七七）は「まあ、本の一冊や二冊ぐらいは……」と鷹揚に構え、田中の主張に真剣に耳を傾けなかった。しかし田中の反対運動はその後も粘り強く行われ、太政大臣の三条実美《さねとみ》（一八三七〜一八九一）まで巻き込むに至り、木戸もついに重い腰をあげ、町田と田中の調停に乗り出した。そして資料、特に書籍館の蔵書はすべて管理替えして町田の博覧会事務局に残すが、もともと文部省の施設であった建物と職員は文部省に返すという妥協案で決着を見た。その結果、文部省に戻った東京書籍館（書籍館から改称）はほとんど蔵書がない状態からの出発となった。

†帝国図書館と田中稲城

明治六（一八七三）年、先に述べたような経緯により書籍館の蔵書はすべて文部省から万国博覧会事務局へと管理替えとなり、それらはのちに浅草に移って浅草文庫と改称された。一方、文部省は書籍館の建物と組織のみを取り戻し、東京書籍館として新たなスタートを切ったが、肝心の蔵書はほとんどない状態となった。

東京書籍館の蔵書は文部省から急遽交付された約一万冊を基礎とし、日本初の納本図書館としてすべての国内出版物を蔵書として受け入れたが、西南戦争の影響による財政難から明治一〇（一八七七）年に廃止が決定され、東京府に移管されて東京府書籍館となった。しかし東京府もやはり財政難で東京府書籍館の運営が困難となり、明治一三（一八八〇）年に再度、文部省の管轄となり、東京図書館と改称した。さらに明治三〇（一八九七）年には帝国図書館と改称し、初代館長に田中稲城《いなぎ》（一八五六〜一九二五）が就任した。

岩国藩出身の田中は藩校で漢学、英語学校で英語を学んだのち、東京開成学校（東京帝国大学の前身機関のひとつ）で学び、卒業後は東京帝国大学文学部・法学部准講師に任ぜられた。その後、文部省に転属となる。明治二一（一八八八）年、文部書記官だった田中は「図書館に関する学術修業」のため海外留学を命じられ、アメリカではハーバード大学図書館、ニューヨーク公共図書館、イギリスでは大英博物館図書館、オックスフォード大学図書館、ケンブリッジ大学図書館などを見学し、図書館経営の実務を学んだ。その後はフランスとドイツを遊学し、明治二三（一八九〇）年三月に帰国した。帰国後は帝国大学

田中稲城

文科大学の教授となり、東京図書館の館長を兼務した。明治二六（一八九三）年には東京図書館長専任となっている。

田中が館長に就任した時、東京図書館は極めて貧弱な予算と施設しか持っていなかった。そこで田中は政界、官界の有力者や関係各所に向けて陳情活動を行うとともに、欧米諸国の国立図書館政策を紹介し、国立図書館が国の教育・文化政策の要であることを広く説いて国立図書館の拡充を訴え、東京図書館を帝国図書館に発展させるための運動を行った。こうした田中の活動が実り、政界や文部次官の牧野伸顕《のぶあき》など官界の尽力を得て、日清戦争終結後の第一〇回帝国議会両院で帝国図書館設立の建議が可決され、明治三〇（一八九七）年に帝国図書館官制の勅令が公布され、帝国図書館が創立された。

東京図書館からそのまま館長を引き継いだ田中の尽力にもかかわらず、その後、帝国図書館の予算は希望額には及ばず、日露戦争による財政難で上野に建設された帝国図書館の建物は当初の計画の四分の一ほどの規模となったが、納本制度による国内文献の受け入れ、洋書の積極的な購入により研究図書館として優れたコレクションが構築された。

また、田中は海外視察の経験から図書館員教習所（昭和三九（一九六四）年に、図書館職員養成所から図書館短期大学に発展・改組された組織の前身）をつくることに積極的で、この件に関しては文部省の方針とも一致していたが、設置の場所が手狭であると施設（帝国図書館）の拡大を求める田中に対して、文部省側の担当であった乗杉嘉壽《のりすぎかじゅ》（一八七八〜一九四七、文部省普通学務局第四課長。日本の社会教育の祖ともいわれる）は既存の帝国図書館内につくることを強く求めた。ここで両者の対立が決定的となり、田中は実質的には更迭の形で退官し、大正一四（一九二五）年に失意のうちにこの世を去った。

しかし田中は先述の日本文庫協会の設立を呼びかけ、図書館令にも携わるなど、日本の近代的図書館の発展に相応に尽力した。彼の在任期間は東京図書館時代から通算して三〇年以上に及び、帝国図書館を国立図書館と呼びうる組織に発展させたのは彼の功績と言える。

これ以降、帝国図書館は文部省内で孤立するようになり、その状況は戦後、昭和二二（一九四七）年に帝国図書館が国立図書館と改称され、昭和二四（一九四九）年に国立国会図書館に吸収されるまで続いた。

†「図書館」という語の確立

先ほども述べたように、明治一二（一八七九）年公布の教育令で初めて「書籍館《しょじゃくかん》（図書館）」の語が行政的法文・令規として登場したが、当時、図書館は行政上、幼稚園よりも下位に置かれていた。これに先立ち、文部省は明治九（一八七六）年のフィラデルフィア万博の報告を兼ねての米国教育報告などを刊行し、米国の「ライブラリー」の日本への移入の必要性を訴えていたが、富国強兵策を遂行するため教育を中央集権体制に移行させる必要があり、「ライブラリー」を「書籍館」と言い換えたと考えられる。

明治一三（一八八〇）年、東京書籍館は文部省に移管された際に東京図書館と改称しており、これは宮内省の図書寮《ずしょりょう》などの名称から影響されたとみられる（小野前掲書、四九四～五〇四頁）。ちなみに図書館は和製漢語であり、今日でも東アジアの漢字文化圏では読み方・発音はそれぞれの地域の言語読みをしても、「図書館」という文字表記が各国共通で使われる。

日本の図書館の専門職団体として、明治二五（一八九二）年三月に発足した日本文庫協会がある。当時、同様の団体があったのはアメリカ（American Library Association 略称ALA、一八七六年創設）、イギリス（Library Association 略称LA、一八七七年創設）のみであった。発足当初は日本文庫協会という名称であったが、明治四一（一九〇八）年に日本図書館協会に改称された。これは世界で三番目の図書館協会であったが、当面の業務は会報の発行と目録規則案の検討であった。

和田万吉《まんきち》（一八六五〜一九三四）は明治から昭和にかけての国文学者・図書館学者・書誌学者で、今沢慈海《いまざわじかい》（一八八二〜一九六八）等と並んで日本に本格的な図書館学を導入した人物として知られている。和田は美濃国大垣出身で、明治二三年（一八九〇）年に東京帝国大学国文科を卒業して大学書記となり、図書館管理となる。明治二五（一八九二）年から四年間は学習院教授を兼ね、明治二九（一八九六）年に東京帝国大学助教授兼附属図書館司書官となり、翌明治三〇（一八九七）年に図書館長に昇進し、以後二七年間にわたって館長を務めた。

明治四三（一九一〇）年に欧米に留学し、図書館事情などを研究した。帰国後は東京帝国大学文学部で日本初の本格的な図書館学の講義を行い、日本文庫協会（後の日本図書館協会）や文部省図書館員教習所の創設などにも携わり、大正七（一九一八）年には教授に就任した。国文学の分野においても古版本など出版史関係の研究や近世文学書籍の本文校訂などで実績を残し、特に謡曲や曲亭馬琴の研究等で知られる。

しかし大正一二（一九二三）年、関東大震災で東京帝国大学附属図書館は蔵書ともども全焼し、貴重な蔵書を多数失った責任を問われた和田はその翌年、辞任を余儀なくされた。先の太平洋戦争の末期、空襲被害から蔵書を守るために多くの図書館が蔵書を疎開させたことは、これをひとつの教訓としていると言えるであろう。蔵書の維持・伝承は図書館にとって重要な使命の一つである。

†青年図書館員連盟と間宮不二雄

昭和二（一九二七）年に設立された青年図書館員連盟は、向学心に富む図書館現職者の研修を目的として昭和二〇（一九四五）年まで存続し、日本図書館協会を補完するような役割を果たした。

先ほども述べたように戦前、図書館学が学問として正当に講義されていたのは東京帝国大学文学部のみで、そこでは和田万吉が教鞭を執っていた。帝国図書館に付設された図書館員教習所では主に専門技術的な主題（図書館学では目録や分類などのテーマをテクニカル・サービスという）を徒弟教育的に指導したが、教育というよりも訓練であり、それだけでは不十分で、なおかつ大学での高度な講義だけでは実践が伴わない。そこで、図書館用品商であった間宮不二雄《まみやふじお》（一八九〇〜一九七〇）が図書館員や図書館学に関心を持つ人々を対象として勉強会を開いた。

間宮は東京高等師範学校付属小学校（現在の筑波大学付属小学校）高等科卒業後、家運が傾いたために丸善に丁稚として入社し、二四歳の時、担当していたタイプライターの構造を学ぶために東京府立工芸学校（現在の東京都立工芸高等学校）の夜学に通った。そこで出会ったタイプライターの輸入・販売を行っていた黒澤商会の社長・黒澤貞次郎《ていじろう》（一八七五〜一九五三）がアメリカ留学を薦め、費用の寄付を申し出た。

大正四（一九一五）年、丸善を退社した間宮は一年間アメリカに留学し、そこで図書館の重要性に気づく。特にアメリカの図書館協会の設立に貢献し、十進分類法の考案者でもあり、コロンビア大学内に世界初の大学レベルの図書館学校を開設したメルヴィル・デューイ（Melvil Dewey, 1851-1931）がつくったライブラリー・ビューローという会社に着目し、そこでの業務を見て学んだ。ちなみにこのライブラリー・ビューローという会社は後にレミントンランド社の一部に吸収され、IBM社と並ぶコンピュータ・メーカーとなる。図書館業務における標準化された文書情報の処理技術や経験が、コンピュータ・システムの開発に役立つことを見込んで合併したともいわれている。

帰国後は恩人である黒澤のもとで働きながら準備を進め、大正一〇（一九二一）年に日本で最初の図書館専門商社である間宮商店を大阪市に開いた。大正一二（一九二三）年の関東大震災により日本図書館協会が『図書館雑誌』を発行できなくなったときには、その発行を肩代わりしている。

そして昭和二（一九二七）年、間宮は図書館員らによって結成された青年図書館員連盟に創設メンバーとして参加した。彼は司書たちとともに目録カードのサイズの標準化、施設の改良などに取り組んだ。アメリカで彼が学んできたことのひとつが十進分類法で、間宮商店の社員から後に日本十進分類法を生みだした森清《もりきよし》（一九〇六〜一九九〇）を育成するとともに、彼自身も日本十進分類法の普及に努めた。仕事の合間には若手の図書館員を集めて勉強会を開き、『圕（図書館）研究』という雑誌を発行し、そこに満州にいた衞藤利夫などが理論的な論考を寄稿した。さらには欧米の図書館学を中心とした書籍約二〇〇〇冊を集めて「間宮文庫」と名付け、図書館員の研究に役立てた。このように、青年図書館員連盟は当時の日本における図書館学の理論的拠点となった。

しかし昭和二〇（四五）年三月、大阪大空襲によって自宅・社屋・間宮文庫はすべて焼けてしまい、間宮商店も青年図書館員連盟も事実上消滅した。間宮は北海道へ疎開し、そこで終戦を迎える。昭和二六（一九五一）年に東京に戻り、図書館用具商社を再開した。社長を退いた後は図書館員養成所の講師などを務めた。図書館界への貢献が認められ、国は藍綬褒章《らんじゅほうしょう》・勲四等瑞宝章《ずいほうしょう》などを授与し、その功績に報いた。

5　書籍公共圏の書誌調整——『古事類苑』の編纂と発行

洋の東西を問わず、書籍が蓄積され、書籍の公共圏が拡大してくるとその書籍が伝えようとする知識を自在に使いこなすための工夫が凝らされるようになる。この企てを書誌コントロール（bibliographic control）といい、通常は書誌データ（メタデータ）を用いて行われる。ここでいうメタデータとは目録データや索引語などを意味するが、そのあり方はコントロールの領域や対象、コンテクストなどにより変化する。

第一章で述べたように、日本の書誌コントロールで最も古いものは藤原佐世《ふじわらのすけよ》の撰になる『日本国見在書目録《にほんこくげんざいしょもくろく》』である。これは九世紀末までに日本に招来された漢籍の目録で、一五七八部を収録している。これに対し、和書については『本朝書籍目録《ほんちょうしょじゃくもくろく》』（編者未詳）が日本最古の和書（国書）の目録とされている。収録書名数は四九三部で、一三世紀末頃までに伝存していた和書を対象とする。

その後、前章で述べたように一八世紀から一九世紀にかけて、和書も増えた状況下で塙保己一は日本に伝存している資料・書籍類を蒐集し、『群書類従』『続群書類従』を編纂した。前者の収録文献数は一二七六点、後者は二一二八点にのぼる。散逸しやすいものを中心として古代から近世までのあらゆる貴重文献を網羅し、法律・政治・経済・教育・道徳・宗教・社会・史学・文学・美術・音楽・言語・風俗・遊芸などに分類して収録した。優れたアーカイブスの形成であるとともに、これは広義の書誌に加えることもでき、日本の書物の世界の概観が描かれたとも言えるであろう。

江戸時代初期以来、実際には戦国末期以降、徐々にではあったが商業出版が盛んになり、多くの古典やその注釈書も刊行されて書籍の公共圏が拡大した。これらの書籍により研究条件も整うと、塙保己一のように書誌的な活動が出現するのが洋の東西を通じて通例であるが、日本では文献学的な書誌・目録の編纂に先立ち、国学の研究が始まった。諸外国と比較して、このような順序の逆転が生じた理由として、日本では自由な研究の精神が広まり、歌学の革新や神道理論の形成を目指す動きが高まっていたことがあるのかもしれない。

†『世界書誌』と『百科全書』

書籍の公共圏が拡大すれば誰しも、一つの図書館に文献をすべて揃えたいという野望を持つようになる。その好例が古代のアレクサンドリア図書館であったが、一六世紀になり印刷本が多量に出回ると、スイスの博物学者・書誌学者のコンラート・ゲスナー（Conrad Gesner, 1516–1565）は一五四五年に『万有書誌《ばんゆうしょし》』（Bibliotheca Universalis『世界書誌』とも）を刊行した。この書誌は万有書誌を謳っていながらラテン語、ギリシャ語、ヘブライ語の文献約一〇〇〇点程度を収録するに過ぎなかったが、地球規模の文化交流がなかった当時としては破格の収録数であり、メタデータとしての有効性はそれなりにあったようである。

さらに時代が進むと、フランスでは一七五一〜一七七二年、一七七六〜一七八〇年に大規模な百科事典『百科全書、あるいは科学・芸術・技術の理論的辞典』が編纂された。このプロジェクトにはドゥニ・ディドロやジャン・ル・ロン・ダランベールをはじめとしてヴォルテールやジャン＝ジャック・ルソー、ニコラ・ド・コンドルセなど、一八世紀中頃の進歩的知識人が総動員された。彼らは経済発展を意識し、フランソワ・ケネーなど重農主義者に執筆の場を与えて産業技術の解説に力を入れるとともに、ヨーロッパ以外の文化にも関心を示した。

この『百科全書』では文献を紹介するのみならず、文献に書かれている知識そのものを単位として並べている。既成の権威を否定し、自由な人間精神による知識の進歩と共有を信じる彼らが『百科全書』を完結させたことは、近代社会の幕開けを告げる出来事であった。書籍の公共圏が知識の公共圏でもあることを具体的に示す先進例となった。

†日本における百科事典刊行の動き

欧米諸国では書籍の公共圏の成熟に伴い書誌・目録データが作成され、百科事典が刊行されたが、日本でも同様の動きが起きていた。塙保己一が『群書類従』を発願した時の志「あわれ世のため後の為にもならんことをなしてん」を付度した本居宣長の叙述に、次のような趣旨の言葉があるという。

「古典の書物には版本と写本とがあり、版本は入手し易く便利だが、（版本が）一旦世に出ると、（その）写本が自然に廃れてくるから、版本の誤りを他の本で訂正することが困難になる。わが国の書物は概ね元和・寛永のころから版行されるようになったが、何《いず》れも誤りが多く、他の本で訂正しないと役に立たないものが多い。……（世に古記録類を所有する人も多いが）ただ倉に秘めておくだけで、見る人もなく、広がりもしないから、世のためにも何の役にも立たず、存在価値もない」（熊田前掲書、七〇～七一頁、カッコ内は引用者注）。

さらに宣長は『玉勝間《たまかつま》』で「古典籍は校合して積極的に出版して世に広めることの功績は極めて大きい」とし、塙保己一の功績を称えている。

欧米諸国では書籍の公共圏の成熟に伴い書誌・目録データが作成され、百科事典が刊行されるのが常であるが、日本でも同様の動きが起きていた。『群書類従』を前提とした百科全書的な書誌作業の成果が『古事類苑《こじるいえん》』である。これは明治以前の諸事象を対象とした我が国最大の百科史料全書で、『六国史』に記載された古代から慶応三（一八六七）年までの基本的な文献から採録した各項の起源・内容・変遷に関する史料を原文のまま掲げている（熊田前掲書、八一〜八七頁）。

明治一二（一八七九）年、文部省大書記官兼宮内省御用掛の西村茂樹《しげき》（一八二八〜一九〇二）から田中不二麿に宛てた建議書「古事類苑編纂ノ儀伺」が採択され、明治政府により『古事類苑』の編纂が始められ、明治二九（一八九六）年から大正三（一九一四）年にかけて刊行された。これは日本史研究の基礎資料で、最大にして唯一の官撰百科事典である。先行の和書の百科事典としては平安時代の『秘府略《ひふりやく》』（一〇〇〇巻のうち二巻のみ現存）、『和名類聚抄《わみょうるいじゅしょう》』、『類聚国史《るいじゅこくし》』、江戸時代の『和漢三才図会《わかんさんさいずえ》』などが知られている。ちなみに、漢籍による百科事典は「類書《るいしょ》」と呼び慣わされている。

†書誌データ編纂の動き――『群書類従』から『国書解題』、『国書総目録』へ

書誌については『群書類従』を補完し、書誌・目録のより完全なデータを編纂することが求められていたが、昭和一五（一九四〇）年に岩波書店が『国書解題《こくしょかいだい》』の刊行計画を発表する。これは明治年間に刊行された佐村八郎（一八六五〜一九一四）による『国書解題』を質量ともに増強した新たな国書の解題目録の編纂・刊行の計画であった（熊田前掲書）。

佐村の『国書解題』は古代から慶応三（一八六七）年までの国書を対象とした解題目録で明治三三（一九〇〇）年に初版が刊行された。同三七（一九〇四）年には一万点を追加し、

計二万五〇〇〇点を対象とした解題目録として増訂二版が刊行された。以後も増刷され、大正一五(一九二五)年に絶版となるが、戦後も複製版が刊行された。増訂二版までは佐村の個人作業に依存していたが、岩波書店はより組織的かつ大規模な改訂増補を計画したと思われる。

佐村の『国書解題』には採録の遺漏や考証不足があり、厳しい批判が寄せられたというが、実際には様々な古典籍にアクセスするための格好のガイドブックとして多くの人に重宝された。国書を対象とした江戸時代の主な解題書は次の通りである。

林春斎《しゅんさい》(鵞峰)『日本書籍考《にほんしょじゃくこう》』寛文七(一六六七)年刊、国書一二〇種を解説。

幸島宗意《こうじまそうい》『倭板書籍考《わはんしょじゃくこう》』元禄一五(一七〇二)年刊、和刻本七五七種を解題、著者の略歴を紹介。

尾崎雅嘉《まさよし》『群書一覧』享和二(一八〇二)年刊、版本一〇七七種、写本六五二種を解説。

岩波書店の『国書解題』プロジェクトは太平洋戦争の影響を受け、昭和二〇(一九四五)年、第一巻の校了直前に印刷所が空襲で壊滅したため刊行の停止を余儀なくされ、その後の方針も再検討せざるを得なくなった。そのため戦後の社会・学会の動向にも鑑み、「解題」から「目録」に変更し、作業の単純化を図ることとなった。

　戦後、占領下にあった当時の学会の雰囲気について熊田《くまた》淳美《あつみ》は次のように述べている。

「戦後、いち早く国史学や国文学を支配した空気は、まさに抑圧からの解放であった。国民生活のあらゆる側面を律してきた国家主義、日本主義からの解放でもあった。そして、概ね昭和二十年代の十年間は、日本史学ではマルクス主義史観による歴史学が支配的であり、国文学では文献学への批判と歴史社会学派の研究が盛んだった。……続く昭和三十年代の十年間は、社会生活の安定と経済成長に伴って、学界もまた落ち着きを取り戻すと共に、学問の大衆化と、一方では研究者の増大による研究の専門化、細分化という現象をもたらした」（熊田前掲書、二四五〜二四六頁）。

　森末義彰《もりすえよしあき》、市古貞次《いちこていじ》、堤精二《つつみせいじ》を編者として『国書総目録《こくしょそうもくろく》』は昭和三八（一九六三）年の第一巻刊行から始まり、昭和四七（一九七二）年に全八巻で完結した。これは国文学の研究者、図書館界からはおおむね好意的に評価されたが、日本史学界からは目立つ反応がない。書誌学界はこれに対して批判的であり、記載に遺漏や誤りの多いこと、編纂担当者に書籍・図書に関する基本的知識が欠けていることなどが指摘されている。

　このように賛否両論あるものの、『国書総目録』の主な目的は今後の研究のための基礎・環境づくりであり、書誌事項の不正確な点を修正するため、情報を提供することにあった。収載書目数は公称五〇万であるが、重複を除いた純書目数は三七万四三〇〇余である。このデータは国文学研究資料館に継承された『古典籍総合目録《こてんせきそうごうもくろく》』による。国文学研究資料館では『古典籍総合目録』の応用編というべき『日本古典文学大辞典』『国書人名事典』なども編纂・刊行されている。

文部省組織から大学共同利用機関となった国文学研究資料館に移管された『国書総目録』のデータは「古典籍総合目録」と名前を変え、新たな時代の研究に大きく寄与している。

今後はいわゆるDX（digital transformation「最新のデジタル技術を駆使した、デジタル化時代に対応するための企業の変革」という意味合いのビジネス用語）の環境下で書籍の公共圏と出版事業とが変化すると予想され、デジタル出版物も書誌コントロールの対象として取り込むことも視野に入れていかねばならない。

国立国会図書館は「国立国会図書館書誌データ作成・提供計画 2021-2025」を発表しているが出版界・各種図書館の現場での協力・対応の体制は必ずしも十分ではなく、行政的・財政的な対応も十分とは言いがたいように思われる。特に『国書総目録』の後継を担う国文学研究資料館の書誌データの編纂においては、少なくとも明治元年以降から日本でデジタル出版が出現するまでの刊行物を対象とし、可能であれば雑誌記事も対象に加えるなど、地道かつ広範な事業が継続されることを期待したい。

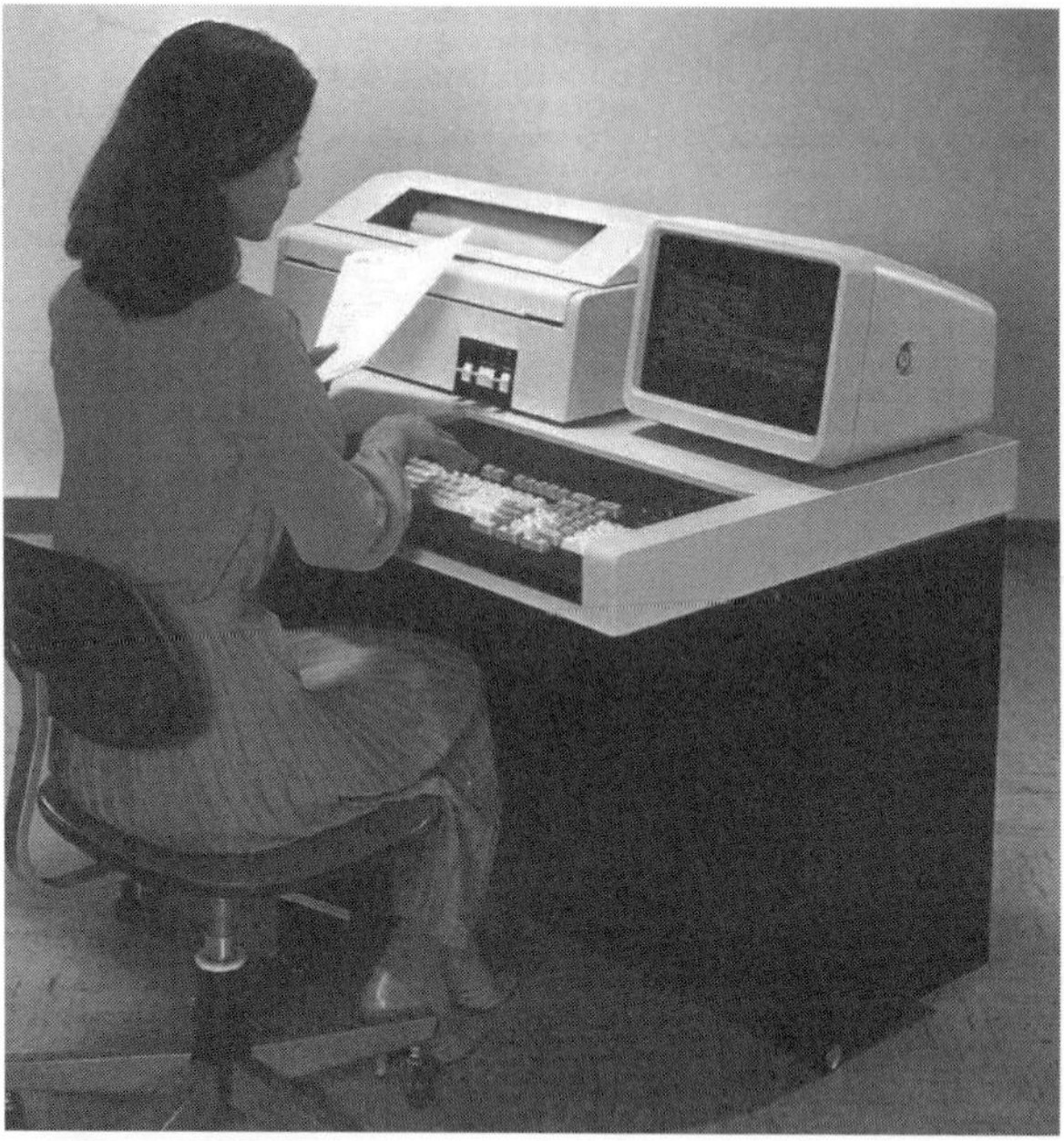

第五章

昭和・平成

——紙からデジタルへの知的公共圏の発展

1978年に東芝が発表した初の日本語ワープロJW-10

1　帝国図書館から国会図書館へ――昭和戦前期〜戦後の動向

昭和に入ると、図書館、特に公共図書館は公立図書館の形で大きく発展してゆく。特に戦後になると、GHQの図書館政策によって、図書館のあり方が変革されてゆく。この章では、長い昭和における図書館の変転を見てゆくが、まず戦前から戦後にかけての図書館をめぐる動向を見ておきたい。

†松本館長の下での帝国図書館

前章で見たように、明治三〇（一八九七）年に帝国図書館が成立し、初代館長に田中稲城が就任していたが、田中稲城の晩年から、帝国図書館とその所管担当である文部省普通学務局第四課の関係は円滑さを欠くようになっていた。大正一〇（一九二一）年に田中館長が更迭されると、新たにその後任人事が問題となった。

後任館長について、帝国図書館を含む館界では人物・識見などの資質に加えて、帝国図書館の官務も含め、図書館業務に精通していることが必要と考えていたし、それに適う候補者として具体的に、帝国図書館主席司書官であった村島靖雄（一八八五〜一九三六）、東京帝国大学付属図書館長の和田万吉、東京市図書館館頭であった今沢慈海などの名が挙げられていたが、文部省側は図書館に無縁の茨城県師範学校長の松本喜一《きいち》（一八八一〜一九四五）を任命した。

松本も講習所の講師の選任・招聘などに努力したといわれ、また松本館長と文部省とは一体のごとく見えたとの説もあるが、帝国図書館をはじめとする館界と文部行政当局との関係は、理想的な状態からはほど遠いままに戦後を迎えた。この間に松本は日本図書館協会の理事・理事長を兼務し、日本図書館協会を専門職能団体から文部省の教化団体とも言える組織に変質させることにつながる道を開いたともいわれている。

†文部省の読書運動と中田邦造

昭和戦前期までの日本の図書館数については諸説あり、定まった数字は捉えにくい。先に述べたように、小野則秋は昭和一一（一九三六）年時点で内地に三七三館、台湾等の日本統治領にはそれに加えて約八〇館の図書館があったと述べており（小野前掲書、五二九頁）、石山洋《ひろし》は昭和九（一九三四）年時点で、道府県から市町村の公私立館が四七九四館で、これが戦前の最高値と述べている（石山洋《ひろし》『源流から辿る近代図書館——日本図書館史話』日外アソシエーツ、二〇一五年、九五頁）。

日本の公共図書館は社会教育機関と見なされ、特に若年労働者の思想善導《ぜんどう》機関としての働きが期待された時期もあった。松本が館長を務めていた時代の文部省が展開した図書館運動に読書会があったが、これは文部省の社会教育課長であった乗杉嘉壽が松江高等学校長に異動した後のことであり、松本館長の下での運動である。

松本の運動を支えたのは中田邦造《なかたくにぞう》（一八九七〜一九五六）であった。中田は滋賀県出身で、第八高等学校を経て大正一二（一九二三）年に京都帝国大学哲学科を卒業する。兵役後、石川県に務め、昭和六（一九三一）年に石川県立図書館長に就任した。中田は図書館を通じて、「自己教育力を喚び覚さんための努力」と捉える読書学級を石川県で企画・実施した。この中田の図書館活動は、選定された図書群を組織だった学習秩序に従って読み、読書記録を付けることで考え、書き、それらを通じて自己教育を実現することを目指すものである。この読書学級の修了者が読書学級の補助員となって読書活動を支援し、石川県内の一五市町村で五〇〇名の会員を集めたという（石山前掲書、九六頁）。

中田は昭和一五（一九四〇）年、東京帝国大学付属図書館司書官となり、その傍らで日本図書館協会理事として読書運動の全国展開を図ったが、これを文部省側の担当官として支援・協力したのが後に日本図書館協会事務局長・理事長となる有山崧《ありやまたかし》であった。

昭和一九（一九四四）年、中田は東京都立日比谷図書館長に就任するとただちに職員の宿泊研修での読書会を企画するが、もはや戦局が悪化していて読書会は不可能であった。日比谷図書館は専門家が保有していた貴重な蔵書を譲り受け（買い上げ）、それを疎開させて戦禍から守り抜く作業に追われることとなり、これはこれで相応の効果を上げた。中田は戦後も日比谷図書館の館長として戦災復興、若手職員の採用と教育、外地からの引揚図書館員の就職斡旋等に尽力したが、無知な労組員の理不尽な言動や跋扈に嫌気がさしたのか、昭和二四（一九四九）年に突然引退し、昭和三一（一九五六）年に没した。

†国立国会図書館の創設と帝国図書館の吸収

昭和二二（一九四七）年、帝国図書館は国立図書館と改称するが、翌昭和二三（一九四八）年に立法府に新設された国立国会図書館（NDL）に吸収された。国立図書館を失った文部省は図書館行政の主体を失い、困惑する。一方で国会図書館の職員は図書館行政的な業務には及び腰であった。概観するに、大日本帝国憲法の時代から現在に至るまで、日本の図書館行政・政策は、国レベルでうまく機能していない。

その理由は明治維新直後から政府・文部省の主眼は教育制度としての幼稚園・小学校から、大学に至る学校の整備・拡充にあり、図書館を中核とする社会教育にはなかったからと言える。

国立図書館が立法府にあると図書館行政が動かないのかというと、必ずしもそうではない。アメリカは国立図書館を立法府に置いており（アメリカ議会図書館）、これは国会図書館ができた事情とも非常に深く絡んでいる。

戦後、日本に進駐した占領軍（実質的にはアメリカ軍）がただちに取り組まねばならない課題がいくつかあった。最優先課題であった帝国陸海軍の武装解除は抵抗なく進み、その次に検討されたのが日本社会および国民の意識改革、要するに洗脳である。日本社会をアメリカ型の社会に切り替えると称して、本質的には日本を二度とアメリカに敵対できない国に作り変え、弱体化させるために、新しい憲法をつくることを国会で審議し、成立させなければならない。そのためには国会改革が不可欠であった。

大日本帝国憲法下でも帝国議会は図書館を持っており、現在の国立国会図書館の国会分館のスペースは昭和一一（一九三六）年に現在の国会議事堂ができたときから存在するが、占領軍はそれでは不十分であるとした。日本をアメリカ型の民主主義社会につくりかえるには、国会のあり方を根本から変えなければならない。

大日本帝国憲法下では現在の議員立法のように、議員が政府に新しい立法の建議をするには一定の条件があったが、これに対して新憲法下では自由な議員立法を可能にする。そうすることで、初めて自由民主主義が完成すると占領軍は考えた。そこでは議員が立法に必要な調査を行い、手続きを行う際に手助けをする機能、つまり立法調査機能を有する図書館が必要となる。そこでアメリカ議会図書館をモデルとして、立法調査機能を有する国会図書館をつくることを日本側に提案した。

しかし当時の日本の識者にアメリカ議会図書館に詳しい人はほとんどいなかったため、政府はマッカーサー司令部に、アメリカ議会図書館型図書館新設のための枢要《すうよう》な人物をアドバイザーとして日本に派遣するよう依頼した。そこで当時、アメリカ議会図書館の副館長であったヴァーナー・ウォーレン・クラップ（Verner Warren Clapp, 1901–1972）がチャールズ・ハーヴェイ・ブラウン（Charles Harvey Brown, 1875–1960）とともに来日する。クラップは昭和二二（一九四七）年一二月の初め、日本に向けて出発したが、カリフォルニア州の陸軍航空基地で軍用機の座席確保のため、四日間も足止めされる。その間、彼は図書館に関する十数項目にわたるメモを書き上げた。このメモに基づいて日本側の関係方面に勧告を行い、つくられたのが国会図書館である。

†日本図書館協会

先述の通り、日本ではアメリカのように立法府につくられた国立図書館がうまく機能しておらず、国会図書館と文科省、個々の図書館との図書館的な作業上の協調が必ずしも円滑には進んでいない。アメリカではアメリカ図書館協会（ALA）が仲立ちとなり、国立図書館とそれ以外の図書館の関係を円滑に進めている。

日本図書館協会はアメリカ、イギリスに次いで世界で三番目に発足した歴史のある団体であることはすでに述べた。この協会は目録規則をつくること、『図書館雑誌』という図書館関係の雑誌を発行することなどを目的に、東京とその近郊の主要な図書館関係者の情報交換の場として発足したという経緯もあり、全国的な協会としては十分に機能しているとは言いがたい状況であった。占領軍は日本図書館協会にいち早く目を付け、協力を要請したが、ことはそう簡単には進まなかった。

戦後、外地から引き揚げてきた人々は日本のさまざまな組織において非常に大きな力となった。図書館協会もそのひとつで、満州から引き揚げてきた人々の功績は少なくなかった。たとえば衞藤利夫《えとうとしお》（一八八三〜一九五三）は母校である東京帝国大学付属図書館の司書を務めた後、満鉄大連図書館司書、満鉄奉天図書館長、（国立）奉天図書館長などを歴任し、昭和一六（一九四一）年に日本図書館協会理事となり、昭和二一（一九四六）年に理事長となった。ちなみに彼は戦後に活躍した亜細亜大学元学長で、国際政治学者の衞藤瀋吉《しんきち》（一九二三〜二〇〇七）の父である。そうした優秀で、図書館実務にも通じた人たちの努力もあり、図書館界では日本図書館協会に対する期待が高まったが、その後、その影響力は徐々に弱まっていった。

†図書館職員養成所

大正一〇(一九二一)年、帝国図書館内に設立された図書館職員教習所は大正一四(一九二五)年に図書館講習所に改称され、戦争中は一時期閉鎖されていたが戦後、昭和二二(一九四七)年に図書館講習所をもとに図書館職員養成所が創設された。さらに昭和三九(一九六四)年、これを発展・改組して図書館短期大学(昭和五四〔一九七九〕年創立で、平成一六〔二〇〇四〕年に筑波大学に吸収された図書館情報大学の前身)が設立された。

戦前の図書館職員教習所の入所資格は旧制中等学校(中学校・高等女学校・実業学校)卒業程度であったが、アメリカのライブラリー・スクールは二〇世紀後半の時点ではマスターレベルの教育を必須として、大学の学部教育を修了した人を対象として、プロフェッショナルとしての教育を大学院修士課程で行っていた。日本における図書館員の養成は必要であるという点で日米の考えは一致していたが、想定する教育レベルには大きな開きがあった。

日本では当時、大学院進学者はほぼ大学の教員(研究職)を目指す者に限られていたが、占領軍はプロフェッショナルなライブラリアンには高い学力と教養に加え、プロフェッショナリズム（専門職としての使命感）が必要であると主張した。昭和二二（一九四七）年の学制改革により中学校が義務教育化されたため、日本側は高等学校卒業程度にすることを提案したが、専門職対応ができないことに加え、占領軍側はそれよりも高い教育レベル、すなわち大学院の修士レベルを要求した。協議の結果、間を取って学部卒の学士レベルとし、昭和二六（一九五一）年にジャパン・ライブラリー・スクールが慶應義塾大学文学部に図書館学科として開設された。

一方、図書館職員養成所は先述の通り戦後の昭和三九（一九六四）年に短期大学には昇格されたものの、図書館短期大学のままに据え置かれ、大学（図書館情報大学）に改組されたのは昭和五四（一九七九）年であった。これは文部省や館界が図書館専門職員教育を中等教育レベルとすることにこだわり（図書館の現場には学歴差別反対の声が強かったからともいわれる）、逆にGHQ側はジャパン・ライブラリー・スクールを大学院でなく学部レベルにするならば、有名大学に開設することにこだわったからともいわれる。

しかし日本の図書館の現場から考えると、図書館員の処遇があまりにも低かったため、学部卒相応の処遇ができない。戦後になると公共図書館はほとんどが公的な機関となった。そこで人事管理上、学歴に応じて、しかも公務員の年功序列賃金体系で大学卒の司書について、既存の図書館員と調整したうえで学歴相応の処遇をすることは非常に難しい。よってジャパン・ライブラリー・スクールの卒業生の待遇は十分ではなく、最初のうちは県立図書館などに就職する卒業生も相当数いたがすぐにやめてしまう。そして通訳など、より待遇がよい仕事に転職するため、優秀な人材が図書館に残らないという事態が生じた。司書資格保有者の処遇問題は現在もなお続く大きな課題である。

2　国立国会図書館（NDL）ができるまで

†国立国会図書館の設置と図書館法

戦前・戦間期の図書館関係の法制には明治三二（一八九九）年に勅令として公布された図書館令があったが、戦後、占領軍の公共図書館重視の政策の下、公共図書館の全国的展開を図るため、財政的にも国庫の助成の下で実現する「図書館法」の制定への願望が占領初期から日本の図書館界には非常に強くあった。しかし日本で図書館法が制定されたのは昭和二五（一九五〇）年である。国会図書館は昭和二三（一九四八）年六月五日に開館するが、これに先立ち同年二月に国立国会図書館法（NDL法）が制定された。つまり、文部省での図書館法案の準備とは無関係に国立国会図書館法がつくられたことになる。

国立国会図書館法は『六法全書』に掲載されていない。国立国会図書館の設置法であるから掲載していないというのが建前だが、実際に内容を見てみると国立図書館の単なる設置法ではなく、その機能についての条文や章もある。つまり納本規定や全国書誌データの作成、さらには納本された資料類の保存についての規定などである。

ところが肝心の図書館法にはこういったことに関する記述がない。それどころか改正が進むごとに条文が見直し・削除されており、現在では利用無料の原則など残された条文はわずかであるが、それすら廃止論が出ている。要するに現在の日本の図書館法制は国立国会図書館法と図書館法とに二分されており、しかも前者は国会図書館の設置法と見なされ、『六法全書』で条文が読めないという大変不都合な事態となっている。

国立国会図書館法が容易に読めないという状況は図書館関係者にとって憂慮すべきことで、全国書誌のデータベース（JAPAN／MARC）の作成に携わる人たちも自分たちの仕事の法的根拠を確認することができない。国会図書館法をいつでも必要に応じて閲覧できるようにすることは、日本の館界にとって喫緊の課題ではないだろうか。

†国立国会図書館設立までの経緯

では、国立国会図書館はどのような経緯でできたのか。アメリカでは国立の議会図書館で議員立法が数多く行われており、これに米国議会図書館は対応し、支援している。国立国会図書館新設の段階では日本はアメリカに倣い、立法支援機能を充実させた国会図書館をつくるべく、衆議院とできたばかりの参議院に急遽、図書館運営委員会がつくられた。参議院の委員長は羽仁五郎《はにごろう》（一九〇一〜一九八三）、衆議院は中村嘉寿《かじゅ》（一八八〇〜一九六五）であった。

中村は鹿児島県坊津《ぼうのつ》（現南さつま市）出身で、水産講習所を卒業し、農商務省に入る。農商務省では米国での水産、漁労の勉学を命じられ、ミシガン大学に留学するが、日本の水産立国のためには政治・経済の勉学が必要と考えてニューヨーク大学に転学し、マスター学位を得て卒業した。米国にとどまり『日米週報』誌を経営し、明治四五（一九一二）年に帰国後は『海外之日本』誌を創刊し、社長に就任した。第一五、一七〜一九回衆院選で当選し、衆議院議員となり、戦後すぐの第二二回衆院選で国政に復帰した。衆議院図書館運営委員長に就任、長男初雄《はつお》を秘書官とした。

秘書官の中村初雄は旧制成城学園高等科理科乙類を経てドイツに留学し、ベルリン大学での語学研修の後、ミュンヘン大学自然科学部化学科へ入学した。卒業後、ドイツ化学協会で『化学中央抄録』誌の抄録助手として勤務する傍ら研究を続け、昭和一三（一九三八）年にドクター試験（理論化学）に合格し、博士学位を得て帰国した。川崎航空機、兵役を経て父・中村嘉寿の秘書官となり、秘書官退官後、『化学中央抄録』誌での経験から国立国会図書館に司書として入職した。目録第二課長、分類課長を経て、日本図書館学校（JLS）のロバート・ギトラー（Robert L. Gitler, 1909-2004）やバーサ・フリック（Bertha Margaret Frick, 1894-1975）の推挙を得て、慶應義塾大学文学部図書学科助教授となる。

羽仁は群馬県桐生市出身で裕福な家庭に育ち、東京帝国大学法学部に入学するも数ヵ月後に休学し、歴史哲学を学ぶためドイツに遊学する。帰国後は東京帝国大学文学部史学科に入り、大正一五（一九二六）年に羽仁説子《せつこ》と結婚し、婿入りして森姓から羽仁姓となる。大学卒業後は東京帝国大学史料編纂所に嘱託として勤務したが、唯物史観に基づく出版活動等により治安維持法容疑で検挙されるなど紆余曲折を経て、昭和二二（一九四七）年に参議院議員に当選する。

国立国会図書館法前文の「真理がわれらを自由にする」という文言は、羽仁がドイツ留学中に見た大学の銘文をもとに入れたもので、『新約聖書』の『ヨハネによる福音書』に由来するという説が広く信じられているが、これについては異論もある。

羽仁は国会図書館の館長として美学者・評論家の中井正一《まさかず》（一九〇〇～一九五二）を推したが、衆議院はこれに大反発する。中井が社会主義者であるということが表向きの理由であったが、羽仁個人に対する反発もあったであろう。恵まれた環境で育った羽仁は事前に調整や根回しをすることがなく、その一方的で独善的な言動に対して他の国会議員や特に事務職などから強い反発があったと伝えられている。

中井は京都学派の流れを汲みつつ、中井美学と呼ばれる独自の美学理論や生活協同組合などの実践活動を展開し、昭和一一（一九三六）年に発表した論文「委員会の論理」をはじめとする著作は戦前戦後を通じて、進歩的な文化人を中心に広く影響を与えた。京都帝国大学文学部哲学科を卒業後は母校で講師として教鞭を執るが、学生時代に一年間、休学して浄土真宗の寺院で仏道修行をし、実践的、啓蒙的視点での社会主義的な論考を発表した。左翼活動により治安維持法違反の疑いで検挙され、終戦まで当局の監視下に置かれた。昭和二〇（一九四五）年に尾道に疎開し、尾道市立図書館館長に就任する。戦後、昭和二二（一九四七）年に広島県知事選挙に日本社会党から立候補するが落選している。

初代国立国会図書館長の人事は結局、衆参両院の妥協案として、羽仁の推す中井正一ではなく、憲法担当国務大臣として国会での政府答弁を取り仕切り、熟練官僚として経験豊富な金森徳次郎《かなもりとくじろう》（一八八六〜一九五九）が推挙された。金森は館長人事における国会内の争いを収めるため、副館長に中井を起用した。

金森は東京帝国大学法科大学を卒業後、大蔵省に入省し、大正三（一九一四）年に法制局に移った。法制局参事官、第一部長を歴任し、なおかつ大学で法学・憲法学を講じ『帝国憲法要説』等を著した。彼は練達の官僚であるがゆえに、図書館の実務はほぼすべてを中井に任せた。中井は図書館の運営に意欲的で、国立図書館が書誌調整機能を発揮するための仕事を次々に手掛けたが、惜しいことに胃がんで自ら手掛けた仕事のすべての結果を見届けることもなく、その先の目標を掲げることもできずに亡くなった。これにより、国会図書館の国立図書館機能は不十分なままで発足することになる。

その後は外地から引き揚げてきた人たちや、各分野の知的専門家も加わり、国会図書館をつくってきたが、図書館についての専門的な知識の有無にかかわらず、議員立法にも深く関わる図書館という当初の理想を日本社会の伝統の中では生かすことは難しく、いまだに理想とする水準に到達しているとは言いがたい。

当時、国立国会図書館の新設に向けての動きが大きくメディア等で報道される中で、文部省（当時）を中心として、新時代の日本の図書館のあり方を規定する「新」図書館法制への関心も相応に高まっていたと考えられる。そこでの関心は第一に公共図書館の増設、すなわち全国展開にあった。帝国憲法の下、図書館令下においても公共図書館の館数は増えていたものの、図書館設置には財政的な裏付けが必要であるため、財政基盤の弱い自治体での図書館設置は進んでいなかった。この問題の解決のためには国庫、すなわち国からの直接的な財政補助による全国一律の図書館設置が必要であり、この問題を中心とする新たな図書館法制の整備が検討されていた。また、図書館の職員の専門的な資格である「司書」資格に関する資格要件についてもまだ結論に至っていなかった。

このような動きとはまったく無関係に国立国会図書館法が制定され、国立国会図書館が新設された。その結果、国立図書館が図書館法制の枠外に置かれ、書誌データに関する規定が図書館法制外に置かれるという異常な体制になった。

3 図書館に関係する占領政策

†占領軍による日本弱体化計画

占領軍は政策として、「日本の民主化」を名目として、日本をいかにして弱体化するか、すなわち日本を二度とアメリカに敵対しない国に作り変えるかを考えたのは当然であろう。先に述べたように占領軍はアメリカ軍が中心であるため、日本軍が強くなると困る。ペリリューや硫黄島《いおうとう》、沖縄で日本軍は兵員、武器・弾薬、食料などの兵站・補給が絶たれたために負けたが、アメリカと同じ条件で戦っていれば、局地戦では勝っていたであろうというのが世界の多くの戦史研究者の見解である。そのような手ごわい国がまた復活してくると、また太平洋の覇権を巡って戦わなければならなくなる。

たとえばウォー・ギルト・インフォメーション・プログラム（War Guilt Information Program、略称WGIP）というGHQの対日本人再教育計画がある。ここでは日本国民に「先の大戦はとにかく日本が悪く、アメリカには何の非もない」ということを徹底的に教え込む。歴史学界では長らく、WGIPは捏造された陰謀説であるといわれていたが、江藤淳（一九三二〜一九九九）は『閉《と》ざされた言語空間』（文春文庫、一九九四年）で、アメリカの国立アーカイブス（米国国立公文書記録管理局）にあるGHQの内部文書にこの文言が見られることを示した。

具体的には当時、占領下日本人の情報入手や娯楽の手段であった新聞とラジオを完全な言論統制下に置き、日本人の洗脳を始めた。連合国にとって都合のいい、戦争の経過を振り返る新聞記事を一〇日間ほど掲載し、かつ都合のいい解釈で戦争の経過を振り返る毎週一回のラジオ放送を約二カ月間放送し、さらには聴取者からの質問に答える形式での番組を九カ月間放送したという。つまり占領軍は日本人を洗脳し、日本の言語空間を完全にコントロールしようとしたし、実際にコントロールした。占領終了後は日本の近隣諸国が日本のメディア（新聞と地上波放送）と進歩派有識者等を利用してこれを行っている。

その言語空間支配の手段のひとつに検閲がある。戦前から続いていた日本の出版法による検閲は占領が始まると廃止されたが、これにより出版・新聞の発行・NHKのラジオ放送等が自由にできるようになったわけではなかった（民間放送局の開局は一九五一年秋以降。本格化するのは占領終了後）。しかも占領軍の検閲は事前検閲であり、日本の出版法のような事後検閲ではなかったため、その痕跡は現代には伝わっていない。そこでは占領軍によってつくられたプレスコード・ラジオコードに従うことが求められ、中華民国を含む連合国軍の批判、朝鮮人の批判、神国《しんこく》日本・軍国主義・ナショナリズムの宣伝などの三〇項目が禁止の対象となった。また「大東亜戦争」を「太平洋戦争」、「シナ」を「中国」と表現しなければならないなどといった「言葉狩り」もあった。この影響は現在に至るまで続いている。

言論統制は出版物の検閲、通信つまり郵便・電報・電信の検閲に加え、焚書（出版物の没収）、映画・演劇等の演目の統制、文字の使用制限（当用漢字の使用）、公務ならびに教職からの特定の個人の追放など多岐にわたった。電話内容の検閲も行われたが、当時は電話の普及率が低かったため、これはさしたる影響はなかった。しかし郵便物の検閲は徹底しており、子どもが書いた手紙まできちんと検閲した。戦後の混乱で仕事を得られなかった日本人の高学歴者を大量に集め、郵便物の検閲をさせたという。

さらに、公職追放により大日本帝国憲法下で一人の国民として、太平洋戦争に協力した人たちが職を追われた。さらに、実質上の焚書とも言える既存出版物の没収もあった。占領軍は帝国大学の法学部や文学部などの教員たちにリストをつくらせ、対象となった本の大半を没収のうえ、アメリカ本国の議会図書館や国立公文書記録管理局に送った。これらの本はリサーチ・ユニバーシティー（ハーバード、イェールなど一五大学）のイーストアジア・コレクション等に入っている可能性もある。

たとえば南満州鉄道株式会社（満鉄）の東亜経済調査局は日本最初のシンクタンクと言われ、二、三〇万冊ともいわれる膨大な良質の資料と調査レポートを持っていたが、戦争が激しくなると空襲による焼失を避けるべく、東京の虎ノ門から福島県下に資料を疎開させた。そのため焼失せずにすべて残ったが、それらは戦後、日本政府の資料とともに没収され、ワシントンDCに送られた。また、帝国図書館からも本が持ち出されたという。

一九五一（昭和二六）年のサンフランシスコ講和条約の締結以降、日本政府の資料は返還され、国会図書館内に返還資料として残っている。帝国図書館の蔵書も後に返還されたが、満鉄系の組織の資料が返還されたかどうかは不明で、今なおアメリカの議会図書館等に存在するのかもしれない。しかもそれらは満鉄、もしくは東亜経済調査局コレクションとしてではなく、元の状態がわからないように一冊ずつバラバラにして収蔵されたという。

満鉄は日本の敗戦とともに消滅したため、資料を返還するにも受け取る機関がないという（これを消滅機関という）のがアメリカ側の言い分であるが、これは戦後、米国の対アジア政策の基礎資料の一部として使われた可能性がある。つまり内容的によいものほど没収され、日本のコレクションから、言いかえれば日本の知的空間から失われてしまった。ごく最近、これらのコレクションを復刻するという動きがあるが、完全に復刻できるかどうかは未知数である。

†占領政策によってもたらされた言語空間

日本の戦後の図書館政策は占領軍の当初のものの考え方・見方・方針に大きな影響を受けた。米軍が日本に持ち込んだ民主主義はリベラル・デモクラシー（Liberal Democracy）で、その前提は国民をインフォームド・シチズン（informed citizen 健全な教育を受けた主権者）とする社会教育機関がつくられることにある。情報が十分与えられ、なおかつ得ることのできる主権者はどこでインフォームされるのか。それは学校ではない。学校は基礎的な教育をするところで、義務教育はそこで受けられるが、成人で健全な常識のある人間が主権を行使するにあたって、必要な情報はパブリック・ライブラリーで入手しなければならない。これが米国社会の多数派の意見である。

しかしこの考え方は日本ではほとんど浸透せず、学校で基礎的な教育を受けた後、人々に正しいとされる情報をもたらすのはマス・メディアということになっており、マス・メディアがその国民の期待を忠実に果たしていれば問題はないとされている。しかし江藤淳は「(占領軍による言論統制によって強いられた)自己破壊による新しいタブーの自己増殖という相互作用は、戦後日本の言語空間のなかで、おそらく依然として現在もなおつづけられているのである」と述べ、マス・メディアによる偏向報道がなされていることを指摘している(江藤前掲書、二四二頁)。要するに占領軍であれ日本政府であれ、特定思想を信奉するオピニオン・リーダーであれ、マス・メディアは平時には反権力を装っていても、いざと言う時にはいともたやすく権力に迎合するということである。

このことはネットワーク社会となり、人々の情報源がマス・メディアからSNSによる個人的情報網に変化した昨今、マス・メディアによる偏向・捏造報道の実態が、国内外のマス・メディアの報道で具体的に明らかにされた。

第三章・第四章で見たように、マス・メディア、特に新聞というメディアは日本では本屋(出版業)が扱わなかった短報・速報的情報(ニュース)を扱う業者であり、その社会的信用も出現時から、充分ではなかった。単に偏向・捏造報道だけでなく政治権力との関係の保ち方にも問題があった。

著者の記憶にある事例を挙げてみよう。たとえば昭和四七(一九七二)年の連合赤軍のあさま山荘事件は終日にわたってテレビで実況放送された。事前に決まっている番組をすべて休止にするというのは放送局としてはあり得ないことであるが、これについては政府筋からの番組予定を変更してでも、長時間の実況放送をするようにとの指示があったという。この実況放送の前後で、一般大衆の学生運動への態度は一挙に変化した。

また昭和三五（一九六〇）年に第一次安保のデモで東大生であった樺美智子《かんばみちこ》が亡くなった際、在京マス・メディア七社は共同宣言を発表し、その中で学生らのデモを「暴力」であるとして「暴力を排除し議会主義を守らなければならない」と告知・広報した。それまでは「岸内閣は何をやっているのか」と国民を煽っていたが、一夜明けると論調がガラリと変わり、これを受けて世論はただちに沈静化した。これには政治家が関与していることは間違いない。

要するに日本でも、マス・メディアの報道については受け手（読者・視聴者）が報道内容を評価できる能力を備えていることが必要である。メディア情報の受け手たる主権者はインフォームド・シチズンでなければならない。

メディアはそういった情報操作が本質的に行われる可能性を持っている。メディアの情報が大きな影響力を持つ時代だからこそ、インフォームド・シチズンにきちんと対応するためのパブリック・ライブラリーが求められる。米国では一般的な、そのような考え方に基づき、占領軍は日本の図書館政策を推し進めようとした。皮肉な見方をすれば、これは日本にあまりに過酷な言論統制を課した贖罪意識であったのかもしれない。

GHQの図書館政策を担当したフィリップ・キーニー（Philip Olin Keeney, 1891-1962）、ポール・J・バーネット（Paul Jean Burnette, 1908-1992）、ロバート・ギトラーはいずれもカリフォルニア大学バークレー校のライブラリー・スクールに短期間ではあっても籍を置いていた。このライブラリー・スクールの主任（Dean校長）を務めたシドニー・B・ミッチェル（Sydney Bancroft Mitchell, 1878-1951）は、リベラル・デモクラシーのためにはパブリック・ライブラリーが必要で、そこではインフォームド・シチズンを養成しなければならないと考えていた。キーニー、バーネット、ギトラーの三人は日本で、このミッチェルの理念を実践することになったと言える（マイケル・K・バックランド『イデオロギーと図書館』高山正也監訳、現代図書館史研究会訳、樹村房、二〇二一年、四二～四五頁）。

†図書館員のキャリアの問題

現在、国会図書館の職員は議員立法において国会議員をサポートするどころか、有能な職員がしばしば資料作成など雑用係として国会議員に酷使されている。国立国会図書館職員の本来の任務から考えると、これには首をかしげざるを得ない。

我々が私的に国会図書館を利用する際、国会図書館の職員が積極的にレファレンス・サービスなどをしてくれるが、国民へのサービスよりも議員立法等で議員に貢献することのほうが国会図書館の目的に、さらに言えば国益に資するとの見方もある。現在のデジタル環境下では、一般利用者の疑問については検索機で調べれば大半が探索可能であり、それならば職員の力を借りずともできる。しばしばレファレンス・サービスの大切さが強調されるが、利用者もどの図書館にどのレベルのサービスを求めるか、司書にはどのような利用要求をするべきかという図書館利用のリテラシーを身に付けるべき時ではあるまいか。

図書館員においては高度な知識・技術に加え、熟練が求められるが、それよりも大事なのはライブラリアンシップ、相手にサービスをする際の心がけ（ホスピタリティーも含む）で、それをいかにして職員に植え付けるかが重要である。司書の養成に際しては、プロフェッショナルの養成が求められている。かつての工部大学校で学理の教育と現場における実習とを交互に行い、エンジニアとしての能力の養成を目指したのと同様に、司書にもプロフェッショナルとしての知識・識見、実務技術の調和のとれた養成が必要なのである。

ここで電気試験所を拠点としてトランジスタ、半導体など戦後日本の基礎研究をリードし、ソニーの中央研究所長を務めた物理学者・菊池誠（一九二五〜二〇一二）のエピソードを紹介しよう。菊池はマサチューセッツ工科大学に留学し、毎日のように図書館に通ったが、そこには文献が膨大にあり、自分が読みたいと思う文献を見つけるのは至難の業で、毎日不満を抱えながら図書館をあとにした。

ある日の夕方、図書館から帰ろうとすると中年の女性のライブラリアンに声をかけられた。「あなたは毎日図書館に来ているけれども、顔を見ているとどうも不満そうにお帰りになる。探しているものはちゃんと見つかっていますか？」と。そこで菊池が相談すると、「これは調べてみましたか？」と文献の探索方法を的確にアドバイスしてくれた。それに従って調べると、自分が求める論文が出てくる雑誌に行き当たった。その時に初めて、図書館員とは何たるかがわかったという。

彼はそこで次のようなことを言っている。日本ではある程度のキャリアを積んだ女性は図書館員ではなく、別の仕事をしている。一方で若い有能な司書はもっぱら上司の秘書的な仕事でこき使われていて、自分のように探している文献が見つからなくて困っていても、その解決に手を貸してくれることはない。

それどころかある時、若手の研究者が毎日図書館で文献探索に困っている様子を見かねた図書館の管理職が研究者の上司にそのことを告げると、若手の図書館司書は学校での硬直した司書養成教育をそのままに信じて、そのような図書館職員の行動は図書館利用者のプライバシーの侵害に当たるとして、図書館協会に訴えたという。しかしアメリカではそうではなかった。図書館の司書はしっかりと利用者の行動を観察し、何が利用者のプライバシーの侵害になり、何が専門職としての支援になるかをわきまえていると述べている。図書館員にライブラリアンシップをいかにして植え付けるか。これは非常に重要な課題であり、これをなおざりにした結果、日本の図書館の正常な発展が阻害されているとも言える。もちろん持って生まれた適性は重要で、教育によって補うことができる部分もあるし、座学だけでなく実践により身体で覚え込む部分もある。図書館学において実習は不可欠であるが、日本ではその教育はいまだに不十分である。

日本社会ではプロフェッショナル（知的高度な専門職）が、医療と法律専門分野を除いては認められていない。日本図書館協会は占領下で当初、米国型のプロフェッショナルな司書の養成をしようとしたが、当時、プロフェッショナル教育を阻害する動きがあった。社会主義的な考えに基づく労働組合主義路線である。これは労働に質の高い労働、低い労働という区別があってはならないという考え方で、すべての労働は同じであるとすれば（したがって賃金を含む待遇も同じ）、給与水準を雇用者側は低い方に合わせることになる。それはライブラリアン・司書の給与水準（待遇）が非常に低くなることを意味する。

日本の公共図書館の大半が公立で、司書は公務員の世界で働いている。そこでは司書と他の公務員に区別があってはならないという伝統的な原則がある。大学院修了者と短大卒の司書を差別してはならないというのも建前であるが、現場ではさすがにそうも言っていられないため、ようやく一定の職務経験を持ち、専門知識の検定試験に合格した司書を「上級司書・専門司書」などとして区分し、処遇の改善を目指す方向に動き出したが、遅きに失した感がある。

今、Twitter などSNSで「生活費がなくなった」とつぶやくと、「人材派遣会社へ駈け込んで図書館の仕事を斡旋してもらえばいい」と助言があるという。図書館職員の給与水準はコンビニエンスストアの店員とほぼ同じで、最低賃金水準に近い。誰でも働けるが、提供できる能力はごく簡単な単純労働に限られており、もちろんレファレンス・サービスなどは望むべくもない。コミュニティーの行政担当者は、それがコミュニティーの構成員に対する図書館職員としての十分な水準だと考えているのであろうか。このような悲惨な状態にしたのが、「専門職司書否定論」なのである。

†図書館のあるべき姿とは

日本の図書館が書籍の貸出・返却手続きのような単純な図書館サービスばかりに活動の重点を置いた結果、図書館職（司書職）は単純労働であり、非専門職種であると誤解され、若年の、経験よりも体力のある職員の採用・配属が重視される結果にもつながった。

そうすると先に触れたようなインフォームド・シチズンを養成するための選書からかけ

離れていき、「最も素晴らしい無料貸本屋」をつくればよいということになる。昭和二〇年代後半から三〇年代初めにかけてそういった動きが出てきた結果、貸本屋が衰退した。貸本屋で本を読めば有料であるが、図書館で借りれば無料である。読むスペースも貸本屋に比べて図書館のほうが広く快適で、机や椅子等の閲覧環境も、今や国際水準以上に整備されている図書館も多い。

フィンランドやノルウェーなど北欧諸国の図書館にはライブラリアンがいて、図書館のブランディングを盛んに行っているという。ブランディングとは文字通り、図書館というブランドを形成するための様々な活動を指す。具体的には地域の図書館ユーザーのニーズや属性を分析し、サービスの種類だけでなくその内容や提供のあり方、方法なども検討する。さらには図書館の表示や案内板などの位置や大きさ、デザインなどを検討して、図書館イメージの創出に関わるサイン計画に取り組むこともある。

また、一時期の日本の図書館員には割烹着《かっぽうぎ》・エプロンのようなユニフォームを着ることが流行ったが、職員の態度・動作、服装ももちろんブランディングに含まれる。図書館をいかに地域住民の生活の中に位置づけ、なおかつ印象付けていくか。日本でも専門家は図書館のブランディングを提案するが、有効活用例は多くない。

図書館では時事的な話題に合わせて関連書籍を集めたコーナーをつくることはあるが、

利用者に直接、ある特定の本を薦めるようなサービスは難しい。全国の書店員の投票によって決まる本屋大賞があるのだから、図書館大賞があってもいいように思うが、図書館関係者はそれについては及び腰である。

そのくせ、多くの公共図書館にはリクエスト・サービスなるものがある。これは利用者の求めるサービスはすべて提供するという、司書の専門性を否定する考え方に立つサービスで、図書館利用者は自分が読みたい本を図書館の公費で購入させて、それを借り出し、私的に利用することができる。これは単に公共図書館の設置目的に反するだけでなく、司書が最も高度な専門性を発揮すべき、蔵書構成のための選書権を侵害するものでもある。さらには、自治体の公費を個人のために私的に利用することは法律的にも問題がある。

貸出数を伸ばすことに重きを置くあまり、次のようなことが起こっている。かつて渡辺淳一の小説がベストセラーになり、某政令指定都市の市民からリクエスト・サービス要求として貸出予約、複本購入要求が図書館に殺到した。その図書館はさほど潤沢な収書予算を持っていなかったが、それを割いて複本（同じ本を複数冊所蔵すること）を大量に購入した。

しかし半年も経ち、ブームが去るとその本は誰も読まなくなった。その市には全部で一〇館以上の分館があり、書架に同じ本が複数並ぶことを嫌う分館がそれらをすべて本館に返送してきた結果、本館の書庫が同じ本でいっぱいになってしまった。そういった本はリサイクルに回すしかない。しかも図書館全体として本を購入する予算を使い切ってしまったため、新しい本を買えなくなったという。

戦後間もなくの数年間、占領政策の一端としてではあれ、日本の図書館にも本来あるべき姿を目指した時期があったが、それが挫折して今のかたちになっている。日本の占領政策は遠い昔となったと思われているが、その影響が図書館の世界で、現在まだ続いていることを知っている人がどれだけいるだろうか。次にその一例を紹介したい。

4 キーニー・プランとCIE図書館

†米国型の公共図書館の導入とキーニー・プランならびに金曜会

GHQ（占領軍総司令部）は軍人のみの参謀部《さんぼうぶ》と民間人を含む特別参謀部から構成されており、特別参謀部の管轄下にある民間情報教育局（CIE）が主に図書館政策を担当していた。占領当初、日本の非軍事化という目標の下での教育改革と憲法改正がCIEの大きな課題となっており、憲法改正のための社会調査要員として、初代のGHQ図書館担当官となるフィリップ・キーニーが昭和二〇（一九四五）年一二月頃に来日した。

フィリップ・キーニー

キーニーはカリフォルニア大学バークレー校の図書館学校で司書資格を取得し、ミシガン大学の図書館に勤務した後、一九三〇年代にモンタナ州立大学の図書館長兼図書館学の教授となった。しかしそこで図書館サービスの改善や自らの終身在職権（tenure）をめぐり、二代にわたる専制的な学長と対立した。

キーニーは大学に対して訴訟を起こし、ALA（アメリカ図書館協会）に支援を求めたがALAの反応はかんばしくなく、支援・助力は得られなかった。アメリカ教員連盟などの支援を得て免職は免れたものの、結局は病のため大学を辞職した。数年の失職期間を経た後にキーニーはワシントンDCに移り、議会図書館、戦略情報局、国務省を含む連邦政府の役職に就いた。そして戦後、日本にやってくる。

キーニーは来日後、憲法改正のための社会調査に携わる中で図書館を担当し、翌昭和二一（一九四六）年二月に民間情報教育局の教育課に異動となり、そこで初めて日本の図書館サービスに関わるようになった。そして同年七月には図書館担当官に任命された。ここで配置替えとなったのは、大学図書館に勤務していたという経歴ゆえかもしれない（バックランド前掲書、八三〜八四頁）。

ＣＩＥは東京都千代田区内幸町《うちさいわいちょう》にあった旧ＮＨＫ（日本放送協会）の建物の一部を接収しており、昭和二〇（一九四五）年一一月、そこに小さな図書館を設置した（ＣＩＥ図書館。英語の表記はSCAP CIE Information Center）。当初はＣＩＥの関係者しか利用できなかったが、翌昭和二一（一九四六）年三月に近くにあった日東紅茶の喫茶室に移転し、日本人にも開放された。その後、ＣＩＥ図書館は東京以外の主な都市にもつくられ、昭和二六（一九五一）年までに計二三館となった。

キーニーは内幸町の図書館で日本の図書館関係者を集め、毎週金曜日の午後に会合を持つようになった。これを金曜会という。そこでキーニーは参加者から日本の図書館についての情報を集め「日本における統一された図書館サービス」（Unified Library Service for Japan）という計画をまとめた。これがいわゆるキーニー・プランである。

キーニーはここで、日本の内地とカリフォルニア州の面積はほぼ同じであることから、カリフォルニア州における州立図書館と各地の公共図書館の相互協力体制をモデルとすることを提案した。日本の図書館関係者はこれを歓迎し、キーニーの提案をベースとして現行の図書館法案が構想された。

しかしキーニーは昭和二二（一九四七）年六月に何の説明もなく解雇され、アメリカに半強制的に帰国させられる。GHQの参謀部は参謀第一部（G1）から第四部（G4）まで四つのセクションに分かれており、諜報活動や検閲を担当する第二部（G2）の部長であったチャールズ・ウィロビー（Charles Willoughby, 1892–1972）は反共産主義者で「赤狩りのウィロビー」とも渾名されていた。ウィロビーは左翼と疑われる人物をリストアップしており、キーニーもそこで目を付けられたと考えられる。占領軍の参謀部にまで「赤狩りの達人」が配属され、その部署が設けられていたことは、コミンテルンの工作が米国陸軍等の軍部内部にまで浸透していたことの証明でもあろう。

アメリカでは共産主義思想が非合法とされており、共産主義者と名乗れば法律違反で逮捕される。キーニーがCIEを解雇されたことにより、金曜会も消滅を余儀なくされた。

金曜会が日本の図書館員に大変好評であったことにはいくつかの理由がある。当時、日本の図書館員は社会的に尊敬されておらず、その意向や発言内容が世の中に受け入れられることも少なかった。戦後間もなく、多くの人が占領軍の言動に神経をとがらせていた中で、キーニーは図書館員たちの言葉に熱心に耳を傾けたという。

また、金曜会では軽食やお茶が出された。食糧不足による飢えに脅かされていた当時の日本人にとって、これは非常にありがたいことであったに違いない。私が小学校に入学したのはキーニーが帰国した翌年の昭和二三（一九四八）年だが、幼少期の飢えの記憶は今もなお強く残っている。日本の図書館員が金曜会に足を運んだことの理由としては、もちろんキーニーの人間的な魅力や会議の重要性もあったであろうが、食糧不足という当時の切実な事情も考慮に入れたほうがよいだろう。

ちなみにJLS（ジャパン・ライブラリー・スクール）の初代校長となるロバート・ギトラーは生涯、すなわち亡くなるまで毎年一二月になると慶應義塾大学の図書館学科（JLS）に、クリスマス・プレゼントとして在学生全員に行き渡るようにキャンディーを贈っていた。また、やはりJLS設立に関わったロバート・B・ダウンズ（Robert Bingham Downs, 1903-1991）は昭和二三（一九四八）年夏から秋にかけて最初の来日をし、東大の夏季図書館学コースや国立国会図書館の研修コースで講義を終えた後、日本の食糧不足の印象が強かったのか、米国に戻ってからもいくつもの食料品の小包みを日本に送っていたという（バックランド前掲書、一一一頁）。

もちろん新しい時代に対応するため、人々は本などを通して知識を得ることにも非常に貪欲であった。日本は一九三〇年代後半からABCD包囲網といわれる経済制裁を受け（ABCDとはアメリカ、イギリス、中国、オランダの頭文字を並べたものである）、石油のみならず書籍・雑誌の輸入もできなくなり、情報が遮断された。戦争中は知識を得る活動がストップされており、出版できる本も国策に適ったものに限られていた。そのため人々は新しい多様な情報に飢えており、そういった中で図書館に対する期待も非常に大きかったと考えられる。これがCIE図書館が当時の日本人に広く受け入れられた一因ともなった。

†CIE図書館がもたらしたもの

CIE図書館が日本の図書館にもたらしたものの筆頭は開架式の図書館である。そこでは金網の向こう側の手の届かない場所にある書架に本が並んでいるのではなく、実際に手を伸ばせば本に触ることができる。これをオープン・アクセスと言う。これにより、人々が書架に自由にアクセスできるようになった。次に蔵書における逐次刊行物（雑誌・新聞等）の重視・充実であり、もうひとつは図書館員によるレファレンス・サービスである。

CIE図書館は当初、日本人スタッフを揃えようとしたが適格者がいなかったため、アメリカからプロフェッショナル・ライブラリアンを呼び寄せた。彼らは英語のみで対応したが、個々の利用者のことを考慮し、ライブラリアンシップを大いに発揮したという。これは日本の図書館員にとって大きな刺激となった。

さらには書籍に加えて、視聴覚資料を置いたことが挙げられる。当時の視聴覚資料は映画のフィルムとレコードが主で、各地のCIE図書館には映写機も置かれており、映画会やレコード・コンサートも頻繁に開かれた。その後、全国の公立図書館にも視聴覚資料を置き、ライブラリー・スクールでも映写機の操作が必修として教育されるようになった。従来、悪書扱いされていた漫画などを蔵書として受け入れたことも特筆すべきであろう。

戦前の図書館は閉架式が主で、ライブラリアンに頼まなければ本を手に取ることはできなかった。欧米ではページボーイ（pageboy）が書架から本を運んでくる。ページボーイはプロフェッショナル・ライブラリアンではなく単純労働の補助職であったが、日本ではそのページボーイが司書だと思われていた。今なお、大学の専門性の高い図書館や貴重書等を扱う図書館では閉架式が標準となっている。

レファレンス・サービスの重視を含め、CIE図書館は利用者志向（user-oriented）なサービスを重視すべきであることを強調した。さらに視聴覚資料の重視により、漫画やアニメーション等に加え、マルチ・メディアやいわゆる複合媒体なども蔵書対象にすることへの道を開いた。

このように、CIE図書館は日本の図書館が進化していくうえで大きな役割を果たした。現在の我々が図書館と聞いてすぐにイメージできる姿のほとんどがCIE図書館によってもたらされたことは、どんなに強調してもし過ぎることはない。

昭和二七（一九五二）年四月、サンフランシスコ講和条約の発効により日本が独立したことで二三館あったCIE図書館のうち一〇館が閉鎖され、残りの一三館は米国国務省に移管され、アメリカ文化センター（ACC）と改められた。昭和三〇（一九五五）年には国務省から米国広報・文化交流庁に移管されたが、昭和四二（一九六七）年以降七つのセンターが閉鎖され、平成八（一九九六）年に京都、平成九（一九九七）年に札幌のセンターも閉鎖された。さらに平成一八（二〇〇六）年には東京アメリカン・センターの資料室も閉鎖され、米国大使館へと移転した。今やその直接的な後継機関は存在しないが、このような文化の広報宣伝機関は安全保障上も、極めて重要な役割を演じることを示したと言える。

日本にも戦前、アメリカでの対日感情が悪化した時期に、その対応策として国際文化振興会（KBS）という組織がつくられ、ニューヨークで日本の広報的な図書館が開館したことを多くの人は知らないのが残念である。

5 アメリカ型図書館の日本での浸透——福田なをみの影響と業績

†福田なをみの生涯

二〇世紀後半の日本の図書館について何かを語る場合、占領軍の対日図書館政策や米国

国会図書館の指導者たち（左から福田なをみ、1人おいて金森徳次郎、ロバート・B・ダウンズ、中井正一）

の図書館に触れずに語ることはできない。それと同様に、戦後期の日本の図書館界で占領軍の図書館政策の立案や実行に大きな影響力を持った人物に触れずに、日本戦後期の図書館について語ることはできない。そのような人物の代表的な一人として福田なをみ（一九〇七～二〇〇七）がいる。福田は図書館職（司書職）にふさわしく黒子役に徹したため、二一世紀の初めまでその名を語られることも少なく、多くの図書館関係の若い学徒や実務家にはその名を知らない者も多い。

　福田の生涯については、小出《こいで》いずみによる詳細な学術論文が出版されており、関心のある人は参照されたい（小出いずみ『日米交流史の中の福田なをみ――「外国研究」とライブラリアン』勉誠出版、二〇二二年）。ここには日英の豊富な参考資料・文献等も記載されている。

本節ではこの小出の労作から重要と思われる点を取り上げ、若干の他から得られる情報も交え、その生涯とともに主な活動・業績について紹介したい。

福田なをみは明治四一（一九〇七）年、キリスト教の牧師であった福田錠二《じょうじ》・紀子《のりこ》夫妻の第五子として東京新宿に生まれた。東洋英和女学校小学科、女子学院（東洋英和高等部、女子学院はともに東京女子大の前身となっている）を経て東京女子大学では英語を専攻し、昭和四（一九二九）年に卒業した。宣教師や来日米国人の日本語教師や助手を務めた後、米国ミシガン大学に留学して図書館学を修め、米国議会図書館東洋部の坂西志保《さかにししほ》の下で実習を終え、ミシガン大学の課程を終了した。

帰国後は東京帝国大学付属図書館の嘱託として和書の目録を担当する傍ら、立教大学図書館では洋書の目録も担当した。そして戦火が激しくなる中、昭和一八（一九四三）年一〇月から嘱託として外務省調査局第三課に勤務する。戦後、昭和二〇（一九四五）年一〇月には外務省を退職し、GHQの参謀第二部（G2）に移る。先に述べたようにG2は諜報活動や検閲を担当していた。戦闘が終息し、参謀第一部（G1）での作戦に関わる業務が縮小される一方で、占領統治を円滑に進めるためにG2は情報を収集・分析し、戦争犯罪人や政治犯の指名・解除、公職追放者の指名などを行い、GHQ参謀部の中心をなしていた。福田はその部署のライブラリーを担当していたことから、米軍のインテリジェンス活動の記録管理業務を行っていたと推定される。

その後、国立国会図書館創設のための米国からの図書館使節や、CIE特別顧問として来日したロバート・B・ダウンズの業務にも関与したが、昭和二四（一九四九）年に結核のため療養生活に入り、昭和二八（一九五三）年に国際文化会館図書室長として社会復帰した。

国際文化会館は昭和二六（一九五一）年、占領期終了目前にハリー・S・トルーマン大統領が派遣したダレス使節団の一員であったジョン・ロックフェラー三世（John Davison Rockefeller III, 1906–1978）の報告書にあるように文化交流事業を行う「文化センター」、ならびに文化交流事業に携わる内外の関係者の東京での拠点となる「インターナショナル・ハウス」として機能することを目的として開設された。その図書室長として福田は蔵書を構築し、来日研究者のサポートを行い、日本ならびにアジアについての高度な研究を行うに足る図書館を日本に一つでも多く誕生させるべく研究会を組織した。その研究会には日本の図書館界のオピニオンリーダー（インフルエンサー）が集められた。

右のような経緯からも、福田が国立国会図書館設置や日本図書館学校の設立など、占領軍による図書館政策に深く関わったことが読み取れる。次にそのうちのいくつかを取り上げ、少し付言したい。

†占領軍図書館政策の日本側との橋渡し役として

占領軍の日本における図書館政策は占領の時期、その政策を担当した人物によって異なるが、後世に大きな影響を及ぼした政策としては国立国会図書館の創設、CIE図書館による米国型の図書館サービスのデモンストレーション、日本図書館学校の開設などが挙げられる。

福田はGHQのGS（民政局）のジャスティン・ウィリアムズ（Justin Williams Sr., 1906-2002）やロックフェラー財団のチャールズ・バートン・ファーズ（Charles Burton Fahs, 1908-1980）、日本側の衆参両院の図書館運営委員長の中村嘉寿や羽仁五郎らと連携を取りつつ米国側からの図書館使節を受け入れた。その勧告に添って帝国図書館を国立図書館に改称・改組する方針までは決められたが、新国立図書館の設置までには数多くのハードルがあった。福田はこれを図書館使節であったヴァーナー・ウォーレン・クラップ、チャールズ・ハーヴェイ・ブラウンの勧告案により解決し、館長の人事をめぐり衆参両議院でもめていたところを金森初代館長案の実現で収め、新図書館実現への突破口を開いた。こうして昭和二三（一九四八）年二月、日本の新しい国立図書館として国立国会図書館が開館した。

この図書館の特徴は議員立法を支援するため、高度なレファレンス・サービスを可能とする「調査及び立法考査局」という組織・機能を持つことにある。「調査及び立法考査局」は米国流図書館サービスにおけるパブリック・サービス重視を反映しており、特にレファレンス・サービスのモデルともされた。しかしその反面、国立図書館が立法府に置かれたことにより、図書館行政上の課題も残された。

†国際文化会館図書室長としての働き

①『日本の参考図書』の編集・発刊

昭和二八(一九五三)年六月、福田を図書室長として発足した国際文化会館図書室は当初、蔵書の準備などに追われ、昭和三〇(一九五五)年四月には麻布鳥居坂に新装完成した国際文化会館内に移り、本格的に開業した。

この図書室は当時、日本の図書館人にとっては図書館に関する知識を学ぶ学校でもあった。開館当初から福田は、図書館の業務とは「図書資料を収集・整理し利用に供する」という業務の枠を超え、利用者が目指す目的に向けて指導・誘導することが必要という信念に従い、行動した。

図書館活動の勉強会の場を提供したこともその一例である。福田の下、国際文化会館図書室には多様な人々が集まり、これらの人々は後に図書館の新たな運営やサービスについてのプロジェクトに関わることになる。そこでは参考業務（レファレンス・サービス）をテーマにしていたが、当時は参考業務を行うにも日本には十分なレファレンス・ツール（参考調査資料）が存在しなかった。

このような状況を背景として福田は、参考図書のガイドの出版プロジェクトを立ち上げる。ＡＬＡ（アメリカ図書館協会）から刊行されている *Guide to Reference Books* をモデルとして、九名の編集委員と一〇〇名を超える解題執筆者の協力の下、ロックフェラー財団とアジア財団からの援助を得て昭和三七（一九六二）年五月に『日本の参考図書』が国際文化会館から出版された。これは日本国内のみならず、世界における日本に関する調査の基本書誌となった。その後、編者が日本図書館協会、国立国会図書館と代わるが、参考図書類の刊行は随時行われているため、『日本の参考図書　四季版』として現在も季刊で刊行されている。福田は日本にレファレンス・サービスを移入する基礎として参考調査資料のガイドブックをつくり、参考調査業務確立の基盤づくりに大きく貢献した。

②図書館研究調査団の組織化と派遣・報告書の作成刊行

福田が自らの各種の研究会活動についてファーズに話したところ、「日本の図書館人はアメリカの図書館をより深く知る必要がある。図書館活動を通じて民主主義を育てることは必要であるし、アメリカ側も日本の図書館について知る必要がある。そのような日米の相互交流についてはロックフェラー財団として助成が可能である。ただしALAの協力は欠かせない」という答えがあったという。

当時、ロックフェラー財団はALAの国際交流的な活動に資金援助しており、同財団もALAも共通関心事として、日本の社会においていかに訓練された図書館人の威信を高め、指導的な地位に就けるかということに苦慮していた。福田はファーズやカリフォルニア大学で図書館教育を受け、ALA事務局長を務めたジョン・マッケンジー・コーリー（John Mackenzie Cory, 1914–1988）と話す中で、日本の中堅図書館人をアメリカに派遣し、レファレンス・サービスを中心としてアメリカの図書館を視察させ、その体験を日本で広めることとの重要性を意識し始めたという。

福田は調査団の訪米を日本の図書館界全体にとって意味あるものにするため、広い範囲の希望と意見を集めることとし、図書館界の有力者の中から顧問・助言者を得て、約半年をかけ準備を進めた。ALAも日本からの調査団を迎えるため、特別委員会を組織した。ジョージ・ピーボディー大学の図書館学校の准教授であったフランシス・ニール・チェニー（Frances Neel Cheney, 1906–1996）が委員長を務め、委員はいずれも日本図書館学校（ＪＬＳ）の教壇に立った経験を持ち、日本の図書館の状況をよく知っている人たちであった。

こうして日米双方の十分な体制の下、福田団長、国立国会図書館からは天土春樹《あまつちはるき》、小田泰正《やすまさ》（一九一三〜一九九三）、鈴木平八郎《へいはちろう》（一九一三〜一九九八）の三名、慶應義塾大学図書館学科（日本図書館学校）の澤本孝久《さわもとたかひさ》（一九一二〜一九九四）、京都大学付属図書館の岩猿敏生《いわさるとしお》（一九一九〜二〇一六）、日本大学図書館の後藤純郎《すみお》（一九二四〜二〇〇二）、大阪府立図書館の林政雄《まさお》、中央区立京橋公共図書館の清水正三《しょうぞう》（一九一八〜一九九九）の九名から成る調査団が形成され、渡米準備に入った。

準備会合としての全体会は少なくとも二回開かれたが、それ以外にも東京と関西で開催された。米調査団に加わらなかった専門図書館関係者との会合、国立国会図書館、大学図書館、公共図書館や図書館学教育の関係者からの意見・情報収集も含め、準備研究会として毎週金曜日に開催され、その場には可能な限りアメリカ側のゲストも参加した。ＧＨＱのＣＩＥで図書館政策に関わっていたドン・ブラウン（Don Brown/Donald Beckworth Brown, 1905–1980）やロックフェラー財団のファーズ、アジア財団のガストン・シガー（Gaston Joseph Sigur Jr., 1924–1995）などがゲストとして招かれたという。

アジア財団は昭和二六（一九五一）年、ＣＩＡ（中央情報局）により自由アジア委員会として設立され、昭和二九（一九五四）年にアジア財団に名称変更されたが、その後もCIAの資金で運営され、民間公共慈善団体を装っていた。昭和四三（一九六八）年以降はCIAからの資金提供がなくなり、資金は国務省と国際開発庁が主に負担しているという（小出前掲書、一九三頁、L五四～五五）。これは、訪米調査団の日本の図書館についての報告がCIAも注目するほど高度な内容であったことを物語っている。

こうした準備の末、一行は昭和三四（一九五九）年一〇月三日に東京を出発した。米国での視察における見学図書館数は八〇館以上、面会した図書館員は五〇〇名を超えたという。同年一二月四日に帰国した後、東京で五回、大阪で一回報告会を行い、報告書は日本語では『アメリカの図書館』、英語では *American Libraries* というタイトルで翌年の昭和三五（一九六〇）年に刊行された。

③日本研究者への支援

福田は日本内外での地域研究、国際関係・東アジアの社会諸科学分野の学術研究者への学術的情報サービスなど、現代の日本の図書館関係者が想定するよりも広い範囲での支援を続けた。そこでは言うまでもなく、福田の日米における幅広い人脈が生かされている。

晩年は特に、アジア学会の東アジア図書館部会（CEAL：Committee on East Asian Libraries）の活動に力を入れた。東アジア研究においては一九六〇年代半ば頃まで、とりわけ人文科学分野などを中心とする欧米の研究者にとって、米国での研究を除けば日本が研究拠点となることが多かった。しかし六〇年代以降、中国や韓国など東アジア諸国の国内統治体制が整い始めるとともに、それらの国はアジア学会など欧米の国際的影響力のある研究者が集う場での自国歴史観のプロパガンダに力を入れ始めた。

その一方、日本は外務省や文部省、学界に影響力を持つ日本学術会議は幣原《しではら》外交路線である表面的な国際協調と反日歴史観に影響された政治方針の下、アジア学会など国際的な会合での積極的な日本の正統的歴史観の支援はほとんどせずに放置した。その結果、学術分野では東京裁判史観などの反日的歴史観やプロパガンダが横行するという現状になった。

先に述べたように、国際文化会館はあくまで日米共同での国際交流事業を支援する機関として開設されており、日本の国際交流のための情報発信機関としては昭和九（一九三四）年に国際文化振興会（KBS）が財団法人として発足している。国際学会における日本の国際的な広報方針に沿ったプロパガンダ活動などはKBSの関係事項とも言えるため、国際文化会館では目立つ活動は行わなかった。

一方、国際文化会館では福田の指揮のもと、書誌作成事業が行われていた。特に訪日研究者への支援は積極的に行っており、それは新たな時代の図書館専門職・司書の姿を示すものであった。今後、若い学徒・司書志願者が福田の活動に学び、将来の日本の国益にかなった日本研究・国際交流の支援に取り組むことを願いたい。

福田は見方によれば江戸時代の塙保己一、昭和戦前期の間宮不二雄などと並び、あるいはそれ以上に日本の図書館の発展に尽力した人物であるかもしれない。その功績に対し、国は昭和五九（一九八四）年に勲四等宝冠賞を授与してその功労に報いた。福田についての研究はまだ緒に就いたばかりであり、これからの大いなる発展を期待したい。

6　高度成長期の日本の図書館

†CIE図書館と日本の専門図書館

ＣＩＥ図書館ではアメリカの新刊雑誌を閲覧することができ、それは新しい情報に飢えていた当時の庶民に幅広く受け入れられたが、一方で日本のメディア各社はそういった庶民の動向にすぐに対応できなかった。まず紙がなく、そのうえ戦災で印刷工場が失われていたため物理的に対応できず、新たな媒体の生産・出版ができない。また、昭和二二（一九四七）年には特に紙資源不足が深刻となったため、新聞各社は応急処置として通常のブ

CIE図書館（東京）

ランケット判（四〇×五四センチ）からタブロイド判（二七×四〇センチ）にしたため、いくら活字を小さくしたとしても限られた情報しか載せられなかった。

ＣＩＥ図書館にはとりわけ、専門研究者が熱心に足を運んだ。企業の調査部などからもしばしばＣＩＥに本についての問い合わせがあり、お互いに交流していたと思われる。当時の若年研究者は、新しい本は紙とインクの匂いがするので、それに惹かれてＣＩＥ図書館に足を運んだという。そこにあるのは一般雑誌のみで専門の学術雑誌は置かれていなかったが、たとえばファッション雑誌のグラビアページを見ればモデルの後ろに最新型の電化製品が置かれている。それがカラーページであれば、その商品に使われている金属がどのような合金でつくられているかを写真から読み取ったという。

これをすぐに真似したのは公共図書館・大学図書館ではなく各企業であり、企業の研究・開発部門の企業内専門図書館がただちにこの新しいサービス形態に飛びついた。そして製造業の技術研究・開発分野のみならず、経済・市場対象の調査・研究の分野にも非常に大きな影響を与えた。たとえばジェトロ（日本貿易振興会）やアジア経済研究所等の図書館はその一例である。そういった企業専門図書館が一九五〇年代から七〇年代にかけて、つまりオイルショックが起こるまでの日本の図書館界を大きく牽引した。

一方で、アカデミックな世界はまったく影響を受けなかったのかというとそうではない。たとえば医学分野はＣＩＥ図書館から大きな影響を受けており、国際医学情報センター（ＩＭＩＣ International Medical Information Center）はその一例である。

†ドクメンテーション（documentation）活動の普及

一九世紀は世界的に産業革命が進み、技術革新の結果、経済的に発展した先進諸国が世界の経済のみならず科学技術、文化をも牽引した。この背景の下で雑誌等に発表される科学技術の研究論文が増大したため、それらの論文を抄録化して情報伝達に資する、いわゆる二次資料（レファレンス・ツール、参考書誌類）も増加した。

一九世紀後半、ベルギーのブリュッセルで、国際十進分類法（ＵＤＣ）の発案者として知られるポール・オトレ（Paul Marie Ghislain Otlet, 1868-1944）は『ベルギー法律全書』の編纂を通じて国際弁護士のラ・フォンテーヌ（Henri Marie La Fontaine, 1854-1953）と出会い、この編纂作業の書誌部会が後の国際書誌協会(IIB)に発展する。国際書誌協会の理念は「書誌上に包括的に集約された文献を科学者が取り扱うデータのように研究すれば、新しい真理が推論でき、社会を進化させられる」というものであった。IIBが書誌や要約集を発行するために集めた文献カードは一〇万枚以上にのぼり、これを科学的に分類するため、米国でデューイによって提唱されていた十進分類法の考えを取り入れ、現在の国際十進分類法(UDC)のもとになる分類法を考案した。

IIBはその後、国際ドクメンテーション協会(IID)を経て国際ドクメンテーション連盟(FID)となった。FIDは二十世紀末で活動を休止したが、日本では一般社団法人の情報科学技術協会(INFOSTA)がその活動の中核を担っており、日本の製造業内の専門図書館では分類にUDCを採用しているところが圧倒的に多いなど、ドクメンテーション活動の影響は今日でも無視し得ない。

7 ジャパン・ライブラリー・スクール(JLS)

先ほどジャパン・ライブラリー・スクール（以下、JLSと略記。現、慶應義塾大学文学部図書館情報学専攻）の卒業生について触れたが、ここでJLSがつくられた経緯についてやや詳しく述べておく。

占領軍は図書館員を養成する教育機関を重視し、これを日本で最も充実した大学に設置しようとした。そうなれば当然、東京帝国大学が候補に挙がる。JLSの初代校長となるロバート・ギトラーは一九五〇年一二月末に来日するが、その半年前、昭和二五（一九五〇）年六月にイリノイ大学の図書館学校の主任教授であったロバート・B・ダウンズが米国図書館協会（ALA）の委託を受けて来日し、JLS設置校決定に資する情報を集めるべく国立・私学合わせて一〇ほどの大学を視察した。そして約一カ月間で調査結果をまとめ、七月にはALAに報告している。そこではライブラリー・スクールを設置できそうな大学として国立では東京大学と京都大学、私立では早稲田大学、慶應義塾大学、同志社大学等を挙げているが、具体的な設置校は初代校長に就任する人がどこに設置するか決めるべきであると述べ、

ロバート・ギトラー

結論の表明は慎重に避けている。

日本側としては、一刻も早くどの大学に設置する心算なのかを知りたい。非公式ではあるがダウンズにたずねたところ、東京大学が第一候補という感触を得たという。京都の京大や同志社は戦災を受けておらず、図書館学教育の環境は整っていたと言えるが、当時の交通・通信状況からは東京がよい。東京の大学はどこも戦災で何らかの影響を受けていた。慶應は戦災でほとんどの校舎が失われていたが、東大の校舎は無事であり、内々では東大文学部にほぼ決まりかけていたという。

これを受けて東大文学部は教授会を開いた。当時、東大付属図書館長で宗教学者の岸本英夫《ひでお》（一九〇三〜一九六四）は次のように証言している。「文学部の教授会が馬鹿なことをやった。せっかくライブラリー・スクールは東大がいいと言っているのに、文学部教授会では、東大は職人を養成する学校ではない、もっと高邁《こうまい》な学問をやるところだと言って断った。それで結局、慶応に行ってしまった」（「座談　大学図書館の近代化について」『三田評論』第六〇二号、一九六二年、一六〜二三頁。ページ数は座談会全体、引用はあくまで概略）。

東大でも、工学部にこの話が来ていれば断っていなかったかもしれない。前章で述べたように、東大工学部の前身のひとつである工部大学校を設置する際、お雇い外国人のヘンリー・ダイアーの発案により、学校での座学による学理教育と現場での実地訓練を交互に行う独自のカリキュラムが作られ、これはヨーロッパのエンジニアリング教育に比べてはるかに優れていると評価された。そこでもう少し融通を利かせ、工部大学校のカリキュラムのように図書館学の学理については文学部、実践については図書館で教育するという方法もあっただろうが、「東大は深遠な学理を研究するところであり、技術を教育するところではない」という昌平黌以来の伝統的見解というよりは頑なな考え方で、結局は断ったのだという裏話もある。

JLSが慶應の文学部に設置されることになった経緯については、公には次のようなエピソードが知られている。ロバート・ギトラーは昭和二五(一九五〇)年の一二月末に来日し、明けて昭和二六(一九五一)年一月一〇日に三田の慶應にやってくる。その日は福澤の誕生日で大学が休みであった。そこで当時、外事部長を兼ねていた法学部の清岡暎一《きよおかえいいち》教授(福澤諭吉の孫、一九〇二〜一九九七)が直接に応対し、自らが英訳した『福翁自伝《ふくおうじでん》』を手渡すとともに、福澤の人となりについても伝えた。

ギトラーは「その『福翁自伝』を読んだ時に、あたかもモルモン教書の翻訳者のジョゼフ・スミス(Joseph Smith)がソールト・レーク市の地に来た時に『モルモン教会をどこに建てるべきか。この地こそその場所である』と言ったのと同じ気分になった。これが慶應に日本図書館学校を設立したいきさつの要約である」と言ったという(ロバート・L・ギトラー「日本図書館学事始め」『ライブラリアンズフォーラム』一巻三号、一九八四年、三〜一一頁）。しかしこれはあくまで慶應についてのギトラーの印象であり、ギトラーは東大の意向を非公式ではあっても事前に聞かされていたかもしれない。

†JLS設立とその後

そういった紆余曲折の末、昭和二六（一九五一）年四月七日に慶應義塾三田キャンパスにてJLSの開校式が行われ、初代校長にロバート・ギトラーが就任した。同年四月二八日、サンフランシスコ講和条約と日米安全保障条約の発効により日本は独立し、昭和三一（一九五六）年九月にギトラーが五年間の任期を終えて米国に帰国した後、文学部の橋本孝《たかし》教授（一八九五〜一九七五）が二代目校長（学科主任）に就任する。

橋本はJLSの設立に際し、当時塾長（学長）であった潮田江次《うしおだこうじ》（一九〇一〜一九六九）の学事顧問として、さらに、自らは文学部長としてもJLSに関わっていた。橋本の専門は倫理学で図書館学については門外漢であったため、図書館学科主任としては教育内容の細部には一切口を出さず、管理上の事案だけに関わることにこだわった。彼は図書館学科主任就任直後からギトラーの意を受け、JLSの慶應義塾大学文学部への永続的定着を目指し、学科卒業生の就職先は図書館ではなく、大学での図書館学の教授職に求めるべきと考

JLSの初年次の教員と学生

えており、そのため早期から大学院課程の開設を志向した。
この時、橋本の念頭には明治初期の学制の整備期、大学から全国各地の小学校に至るまで、慶應義塾の卒業生が学校教育の現場に立ち、熱心に指導に当たった姿が思い浮かんでいたのかもしれない。橋本は最晩年、三田哲学会の機関紙『哲學』に次のような一文を寄せている。

かねてから私の描いている図書館学校の未来像は、大学院を主体とし、学部を従とすることにあるのであつて、これが米国に於ても一般的傾向であり、日進月歩の科学技術や大学図書館、専門図書館等の熾烈な要望に答え得る唯一の途であると信ずる。……勿論大学院の修士課程を設けるにしても、物心両面に亘つて更に充実強化を計る必要があるが、如何に遅くとも、創立廿周年迄には、立派にその念願を実現したい……。（「回想七十年」『哲學』第四六集（橋本孝先生古希記念論文集）、一九六五年、橋本著三〇

〜三一頁）

橋本は近い将来に修士課程が開設されることを期待していたが、文部省や日本学術会議などの学界が図書館学を学問分野として、大学院課程の開設を認めるかどうかについては不安があったであろう。さらには大学院の教授を務める人材を集める必要もあったが、それはＪＬＳの卒業生をおいてほかになく、その代表格はＪＬＳの後身、慶應義塾大学文学部図書館学科（当時）の教授達ではなかったか。

その観点から言うと、ギトラーが一期生の中で後事を託したとも言える藤川正信《まさのぶ》（一九二二〜二〇〇五）がいたし、博士学位保持者では中村初雄（一九一一〜二〇〇六）、澤本孝久（一九一二〜一九九四）の両教授もいた。先に述べたように中村は旧制成城学園高等学校理科乙類を卒業し、第三帝国下のドイツへ留学し、ミュンヘン大学で化学の博士号を取得して帰国した。父の中村嘉寿衆議院議員の秘書官として国立国会図書館の創設に関わるとともに、開館とともに司書として入職した。整理部目録第二課長、整理部分類課長等を歴任したのち、ギトラーがＪＬＳに在職中の昭和三〇（一九五〇）年、ギトラーとフリック両教授の招きでＪＬＳに文学部助教授として移籍し、分類・目録論を中心として図書館のテクニカル・サービス面での教育に多大な貢献をした。

一方、澤本孝久は旧制松本高等学校、北海道帝国大学農学部大学院を経て、松くい虫の研究で博士学位を取得した。ＪＬＳではギトラーの在任中、通訳兼秘書役を務め、ギトラーの図書館学に関する理論や思想の最も忠実な理解者となった。ギトラーがＪＬＳを退任した後は文学部助教授・教授となり、ＪＬＳを文学部の図書館学科として定着させることに橋本を助けて貢献するとともに、日本における農学図書館の振興にも多大な貢献をした。

†ＪＬＳ卒業生の活躍

ＪＬＳの卒業生として、特に一期生では先に挙げた藤川に加え、小林胖《ゆたか》（一九一七〜一九八〇）と津田良成《よしなり》（一九二三〜二〇一二）が大学院課程の開設に貢献した人物として挙げられる。同じく同期の渡辺茂男（一九二八〜二〇〇六）は児童サービス・児童文学の分野においてハンナ・ハント（Hannah Hunt, 1903-1973）のよき理解者・後継者となった。その他にも兼任講師等で、複数の卒業生が学科の教育や研究を支えてきた。

小林はＪＬＳを卒業後、東京慈恵会医科大学の図書館に主任司書として勤務した。そこで医学図書館員の質の向上が急務であるとし、東京近郊の医学・薬学図書館と連携して医学図書館協会・薬学図書館協議会を開催するなどした。昭和三二（一九五七）年に日本科学技術情報センター（ＪＩＣＳＴ）に移り、アメリカの国立医学図書館の医学文献データベース（ＭＥＤＬＡＲＳ）の日本導入に大きく貢献した。また科学技術文献速報という、ＪＩＣＳＴが収集する科学技術雑誌から文献の最新論文データ・要約（抄録）を分野別にまとめて提供するシステムをつくった。そしてその後、昭和四六（一九七一）年に母校の教授として迎えられる（「小林胖君略歴」『Library and Information Science』No. 18、一九八一年、iii頁）。

慶應では昭和一二（一九三七）年に医学情報センター（北里記念医学図書館）が設立され、戦前から医学図書館に力を入れていた。そこでは当時の帝大で比較的に人事の融通が利いた大阪大学、東北大学などから医学図書館員を呼び寄せ、三田の文科系の図書館員がローテーションで医学図書館員として回ってくる弊害を回避していた。津田はＪＬＳを卒業後、ここに就職し、アメリカの国立医学図書館との協力の下、日本からも独自の医学情報を提供することを構想し、実行する。この取り組みにより医学図書館の規模が大きくなり、実質的に日本の医学図書館のセンターとなったが、非正規雇用者の増大など慶應義塾の管理体制上の問題点が露呈し、学内で問題視されたため、昭和四七（一九七二）年に文部・厚生両省の認可のもと、慶應から分離独立し、財団法人として国際医学情報センターを発足させた。津田は昭和四六（一九七一）年、母校（文学部図書館情報学科）の教授となる。

ＪＬＳは一九六八（昭和四三）年、大学院文学研究科に図書館・情報学専攻を開設した。文学部図書館学科卒業生（学部課程）は、日本の公共図書館にはさほど大きな貢献ができなかったかもしれないが、大学・研究図書館や専門図書館等では結果を出しており、ここに大学院課程を開設できたことで、橋本孝の望み通り、日本の学術分野に諸科学ならびに学芸諸分野の基盤となる図書館情報学という新たな学術分野を開拓できたことをここで強調しておきたい。

8 図書館界を取り巻くさまざまな問題点

†日本図書館協会の機能不全ならびに図問研と『中小レポート』

ＪＬＳの卒業生が公共図書館分野では思うように活躍できなかった原因として、待遇や人間関係などといった問題に加えて、本来であれば図書館員をサポートする立場にあるはずの日本図書館協会がうまく機能しなかったことが挙げられる。

有山崧《ありやまたかし》（一九一一～一九六九）は日野の名家の出身で、先に触れた羽仁五郎の経歴に相通じるところがある。有山は東京帝国大学哲学科を卒業した後、文部省の嘱託となっており、中田邦造《なかたくにぞう》（一八九七～一九五六）が提唱した読書運動を支援した。昭和二四（一九四九）年に日本図書館協会事務局長に就任するが、昭和四〇（一九六五）年に日野市長となると、図書館協会で自分の補佐をしていた前川恒雄《つねお》(一九三〇〜二〇二〇)を日野市立図書館長に抜擢した。図書館未設置であった日野市では昭和四〇(一九六五)年、移動図書館「ひまわり号」を走らせることから活動を始めた。これは地域に根差す図書館の取り組みとして大いに成功し、同年九月に日野市立図書館が開館した。

しかしこれは図書館界にしてみれば、迷惑極まりないことでもあった。図書館協会から有山のみならず部下の前川までいなくなれば、組織としての大きなダメージは避けられない。羽仁と同様に有山は育ちがよすぎるせいか、ワンマンで周りの迷惑を顧みないところがあったようだ。また一種の高等遊民であったため、地元住民に市長として担ぎ出されたとも考えられる。

有山と前川はもうひとつ、日本の図書館のために非常に大きな影響を及ぼす仕事をした。それが昭和三八(一九六三)年に刊行された『中小都市における公共図書館の運営』(通称『中小レポート』)の刊行で、次のようなことが書かれている。

日本の公共図書館においては、都道府県立の図書館のような大規模な図書館が中心になるのではない。各市町村の図書館が地域の住民と直接的に向き合う第一線図書館となり、これを充実させれば地域住民が図書館についての考え方を変えるもとになる。よって、各市町村の図書館経営は地域の住民の期待や要望を見据えて、しっかりやるべきだ。

これはたしかに一理あるが、地域住民の要望に応えようとすれば選書は二の次で、まずは需要のある本を無料で貸し出すことになる。その結果、日本の公共図書館は設置自治体の如何にかかわらず、どこもベストセラー本中心の類似の蔵書構成となり、「無料貸本屋」という非難を浴びることになった。

昭和三〇（一九五五）年に若手図書館員を中心として結成された図書館問題研究会（図問研）は『中小レポート』について、初めて図書館と市民の直結を狙い、「利用のための図書館」というイメージ形成に大きく役立ったと高く評価しているが、これは無料貸本サービスという単純作業と無知かつ利己的な利用者の結託による、高度かつ良質な公共図書館サービス崩壊への序曲であり、書籍の公共圏を広く国民に提供するという公共図書館の理念のもとでの図書館界の努力を無にする動きでもあった。

また、貸本サービスの問題点は単純作業でできてしまうことで、図書館司書・図書館員はプロフェッショナルであるという考え方から乖離してしまう。図書館学ではこれを問題視しており、多くの人が『中小レポート』についてはいささか冷めた見方をする論拠でもある。

†プロフェッショナルとしての司書と指定管理者制度

日本社会においてはプロフェッショナルがなかなか定着しない。日本で古くからプロフェッショナルとして認められているのは医師（医療従事者）、法律専門従事者（弁護士・裁判官・検事など）のみで、それ以外の職域ではプロフェッショナルとスペシャリストが原則として混在し、混同されている。

プロフェッショナルは一般社会・民衆に奉仕するという高邁な理念を持ち、それを実現するという使命観を身に付けるための長期間にわたる高度な教育を受け、結果として非常に専門的な知識・技能・使命感が身に付く。職人も長い修業を経て高度な知識・技術を身に付けるが、それだけで高邁な使命感がなければ、プロフェッショナルにはなれない。

前に触れたミッチェルが言うようにインフォームド・シチズンを育て、リベラル・デモクラシーを実現するための図書館の司書はプロフェッショナルでなければならない。アメリカもしくはアングロサクソン諸国においては学部卒業者を養成対象とし、大学院でプロフェッショナルになるための教育が行われており、そこでは一種の使命感と高度な学識、専門的な技術を身に付けさせる。

一方、日本においてプロフェッショナルとしての図書館司書は人々の間でどの程度認知されているだろうか。今、たとえば街頭で「図書館司書と看護師のうち、どちらがプロだと思いますか?」とたずねれば、圧倒的多数が後者を選ぶだろう。

しかし一九八〇年代頃までは違っており、図書館学に携わる人たちが声高に「図書館員・司書はプロだ」とアピールしたため、世間的にそういった認識が広く植え付けられていた。一方で看護師は一般的に医師の周辺の補助的な業務を担当する人と認識されており、特に看護学に携わる人たちはこれを非常に問題視していた。彼らは自分たちもせめて司書のレベルまで地位を向上させることを目指し、図書館についても熱心にリサーチした。その結果、現在のような立場の逆転が起こったと考えられる。

ではその間、図書館では何が起こっていたのか。図書館が実質的に無料貸本屋となれば、司書に専門性は必要ない。地域住民は自分が住む地域に図書館があることを望むが、行政サイドではその要望に応えられるだけの財政的な余裕がない。そこで民間資本で公の設備をつくり、公務員を働かせると公の財政負担が大きくなるため、民間に業務委託した。その結果、行政側は業務委託先の人件費を極限にまで圧縮させ、司書業務の単純労働化、図書館サービスの劣化が起きた。そこで、平成一五(二〇〇三)年、地方自治法の一部改正により指定管理者制度が法制化され、公の施設の管理・運営を営利企業・財団法人・NPO法人などに代行させることができるようになった。これによりプロフェッショナルとしての司書は指定管理者を通じて図書館の運営に参画でき、業務遂行能力を高め、司書職を生涯の職として人生設計もできるようになった。

TRC（図書館流通センター）や丸善は指定管理者制度を利用して図書館運営に関与している。問題点の指摘がないわけではないが、その多くは、指定管理者制度と業務委託制度を混同するという指摘者の不勉強から生じている。特に地方は財政面で厳しく、公では図書館をつくれないという状況があるが、昨今の情報化社会において図書館（アーカイブス）は不可欠であり、将来的にも時系列でフォローすることができる体制づくりが必要である。紙であれば情報が何らかのかたちで残る可能性もあるが、無形のデータは瞬時に消えてしまうため、その蓄積・保存についても考えていかねばならない。

そこでこの指定管理者制度が地方自治法の改正により導入可能になったことに加え、平成一一（一九九九）年に「民間資金等の活用による公共施設等の整備等の促進に関する法律」（PFI法）が成立・施行された意義も大きい。

今後、公設公営で図書館を運営していくことは無理だろう。公設民営も難しいのであれば私設民営で、公はそれをうまく利用する。民間の力を借り、今すぐにでも動かなければ公共図書館は立ち行かない状況となるであろう。これは専門職の問題にもつながっているし、何より日本の文化基盤に関わる大きな問題である。

†文部省の学術情報センター構想

帝国憲法下の帝国図書館は文部省の管轄であったが、戦後、帝国憲法が消滅したにもかかわらずこれをそのまま国立図書館として存続させるわけにはいかない。昭和二二（一九四七）年、帝国図書館は国立図書館と改称されるが、その翌年には国立国会図書館に統合され、消滅してしまう。文部省は結果として、自らの傘下から図書館を失った。

もちろん国立大学（二〇〇三年以降は国立大学法人）には図書館があるが、それはあくまで大学のものであるため、学長を通さなければ何もできない。あるいは図書館行政をやろうとしても、文部省にはその拠点がない。さらに言えば、国会図書館の設置法であるかのごとき国立国会図書館法に納本規定・全国書誌規定がある。つまり立法府の国立国会図書館が全国の出版社から納本を受ける権利を持ち、その見返り（義務）として全国書誌を作成する義務を負う。納本と書誌作成は図書館における基本的な仕事で、これにより初めて書籍の公共圏が成り立つが、それが国立国会図書館法で規定されていて、文部科学省所管の図書館法には一切触れられていない。

昭和四〇年代になると、文部省（当時）でそのような問題が徐々に表面化してきた。昭和四八（一九七三）年一〇月、学術審議会第三次答申（学術振興に関する当面の基本的施策）において基本的政策として「学術情報の流通体制の改善について」という提言がなされた。これは要するに、文部省（当時）の中に国立図書館に相当する体制をつくるための答申である。新しい組織をつくることは難しいため、東京大学の図書館をベースとして学術情報センターをつくるという構想がまとまった。

当時の東大付属図書館長は理学部の猪瀬博《いのせひろし》教授（一九二七～二〇〇〇）であった。昭和五一（一九七六）年に東京大学情報図書館学研究センターが発足し、猪瀬研究室の俊英が何人かそこに入るが、彼らは優秀であるがゆえに図書館のような細かくコツコツとやる仕事には向かない。そのため、情報図書館学研究センターは実務・実践の組織から研究組織へと徐々に変化していく。

その後、昭和五八（一九八三）年にはこれが改組されて東京大学文献情報センターとなり、昭和六一（一九八六）年には学術情報センターが設置される。そして平成一二（二〇〇〇）年には学術情報センターが廃止され、国立情報学研究所（NII）が設置される。

実践面では昭和五九（一九八四）年に目録所在情報サービス（NACSIS-CAT）が開始され、昭和六二（一九八七）年に情報検索サービス（NACSIS-IR）が開始されるが、平成一〇（一九九八）年頃からNIIでは徐々に研究に重点が移りつつあるように思われる。NACSIS-CAT（日本最大の総合目録・所在情報データベース）やNACSIS-IR（広範囲の分野の文献情報・学術情報など計五七種のデータベース）のような日本の学術研究や教育に不可欠な実践業務がおろそかにされないよう、関係者の配慮が望まれる。

†NDLの日本全国書誌のその後の発展と「古典籍総合目録」

国立国会図書館法に定められている納本制度に基づく全国書誌作成は昭和五六（一九八一）年から、UNIMARCに準拠した「JAPAN/MARC」フォーマットで頒布されている。平成二四（二〇一二）年からはデータの提供をMARC21に変更し、使用文字コードも従来のJISコードから多言語に対応できるUNICODEに変換した。

書誌データベースとしてのJAPAN/MARCの作成は国内各図書館の目録の統一と共有を目的として、当初はコピー・カタロギングのもとになる全国書誌となるよう進められたが、書籍や雑誌類の刊行からかなりのタイムラグを経てJAPAN/MARCデータが完成することが常態化した。そのため特に新刊書籍の購入が多く、需要も新刊に偏りがちな公共図書館にとっては実用性が低く、TRC（図書館流通センター）など民間の会社が資料納入に合わせてデータを提供するべく、TRC/MARCに代表される民間MARCに取って代わられた。民間MARCの主なものにTRCのTRC/MARC、日本出版販売の日販MARCなどがあり、公共図書館市場でのTRC/MARCのシェアは約八〇%

以上といわれる。

今後はＯＰＡＣ（オンライン目録）の遠隔利用、「電子図書館」での電子書籍の利用要求などが増えることが見込まれるため、ＭＡＲＣもその拡張や多様化などが期待される。

先に述べたように昭和三八（一九六三）年から昭和四七（一九七二）年まで全八巻にわたって岩波書店から刊行された『国書総目録』のデータは国文学研究資料館に継承され、「古典籍総合目録」（国書基本データベース）としてオンライン化されている。よって現状においては、国文学研究資料館と先に述べた国立情報学研究所の二つで書誌データを提供していることも再確認しておきたい。

第六章

二一世紀の図書館を考える

リブリオ行橋（福岡県行橋市）

1　記録文化の進化史

†日本文化を発展させてきた記録文化

前章まで述べてきたように、約二〇〇〇年にも及ぶ日本の図書館的文化の歴史は日本文化の形成・発展のための基盤であるとともに、日本文化の精華の集積としての図書館の発展であり、社会文化の成長・発展の軌跡でもあった。ここでその軌跡を簡単に振り返っておきたい。

言語や文字、さらには紙や筆・墨といった書記道具の開発・発明などにより、人類の書記文化が進化する中で民族の文化も育まれてきた。

日本文化圏での文字の使用は漢字の伝来に始まるとされるのが通説であるが、日本人は外国語（漢語）を書き表すための文字の日本語への適用・利用には強く抵抗し、いかに漢字という文字を日本語用の文字に変換できるかに腐心したようである。つまり漢字の利用に伴い、その言語である漢語とその文化が日本文化圏に流入することには細心の注意を払って排除したとも考えられる。その一方で漢文化が有する儒学の方法論や国家統治の体制、統治の原則となる法令や規則とその理念などは極めて貪欲に取り入れた。

その結果、漢語文の日本語としての読み下し、万葉仮名などを経て、最終的には「かな」文字が開発された。特に日本ではかな文字の確立の影響は大きく、文芸・文化の発展に大きく影響した。さらに加えるならば、藤原定家が大きく貢献したといわれる文献の校訂や、巻子本から冊子体への本の形式の変化の影響も大きく、日本の文化、特に文学や学芸の発達に寄与したと言える。

それに立脚したうえで印刷技術の進化・革新があった。日本では八世紀半ばに印刷された世界最古の印刷といわれる「百万塔陀羅尼」以来の印刷の歴史があり、古活字版と呼ばれる活字印刷の時代を挟む形で、一九世紀まで整版印刷が主流の時代が続いた。これについても、かな文字の流麗な筆跡を印刷で表すには、活字よりも整版の方が適しているという美的な感覚が合理性よりも重視されたのかもしれない。

一六世紀末までの日本においては多くの場合、朝廷、幕府、大きな寺社等がスポンサーとなり、出版事業を行った。印刷はその出版の下請けとして印刷作業を請け負っていたが、やがて商業利益を求め、一六世紀末には出版企画から印刷、出版、販売までを一貫して手掛ける独立経営の商業出版業が出現した。これにより一七世紀以降、印刷出版業は日本の近世・近代文化発展の牽引役となった。

†近現代の活字・印刷技術の革新

幕末から明治期にかけては日本でも活字印刷が復活し、主流となった。国学の延長上においては国語（日本語）の音韻学に関する研究、日本語のローマ字化運動などもあった。日本語の表記については少部数の複製記録作成では謄写《とうしゃ》印刷版（ガリ版）、活字型文字による簡易な複製文書作成では和文タイプライターなどが使われ、二〇世紀末の日本語ワープロの開発に結びついた。

手書き文字の標準化は、日本でも欧文タイプライターが普及するにつれて大きな課題となっていた。日本は漢字文化圏に所属していたベトナムや朝鮮半島などが漢字の使用を止めた後も、漢字かな交じりの表記を守り続けている。日本は中国大陸からの仏書・儒書の移入により漢字を採用したが、仏教を日本文化に取り入れても原則的に儒教は取り入れず、儒教については朱子学を中心とした合理主義思想の採用に留まった。このことに留意してか、第一章でも紹介したように、ハンチントンは「日本は漢字を使用していても中国文明圏には属さず、独自の日本文明圏を確立している」と述べている。

一九八〇年代に日本語ワード・プロセッサー（和文ワープロ）が発明・開発され、そのソフトウェアがパソコンに搭載されたことにより、書写文字の標準化の問題は一挙に解消された。日本語ワード・プロセッサーにより日本語の標準的な漢字かな交じり記録の課題の多くが解決され、今後はワード・プロセッサー・システムの入力方式・変換方式の改良が進むだろう。日本語ワード・プロセッサーの発明・実用化は日本の産業技術の精華であり、日本の書記文化・印刷技術の革新に留まらず、日本文化全体にも大きな影響を及ぼしており、これからもそれは続くであろう。

今後の課題は電子書籍（デジタル出版）が主流となったとき、図書館がそれをどのように蔵書化し、書誌調整（書誌コントロール）の世界に取り込むか、つまりいかにして書籍の公共圏として広く国民一般の利用に供し、日本文明圏の発展につなげるかであろう。この課題の答えが出るまでには、今少し時間が必要と思われる。

2 米国型図書館の功罪――占領期の図書館改革・再考

†占領期から現代までの図書館の変化と課題

日本が米国軍を主体とする連合国軍の占領下に置かれたのは二〇世紀半ば、昭和二〇（一九四五）年から昭和二七（一九五二）年までの七年間で、この期間は日本の文化の歴史と伝統の中で創り上げられてきた文庫・図書館、すなわち書籍の公共圏のあり方に大きな影響を及ぼした。その影響にはプラスの側面もあれば、マイナスの側面も少なからずある。

プラス面としては米国型の図書館観が日本に流入し、世界の先進主要国での図書館のあり方、すなわち米国方式の図書館がデファクト・スタンダード（事実上の標準）として確立したことが代表的であろう。その具体的な事例が開架書架方式、レファレンス・サービスの実施、逐次刊行物や視聴覚資料類の重視などであった。

図書館のパブリック・サービス（Public service 直接サービス。利用者の図書館サービス利用に直接的に関わる業務のこと）が利用者志向（user-oriented）の図書館経営理念の下で重視され、それまで司書の主要任務であったテクニカル・サービス（Technical service 間接サービス。利用者の求めに応じて蔵書を提供できるよう、検索のために分類・目録作成などをする準備的な業務）、特に図書の分類や目録作業などは各館の個別作業からセンター館での作業結果を利用するコピー・カタロギング方式（センター館の作業結果を各館で機械的に複製する目録作成方式）に移行した。これにより現場での作業負担が軽減されたため、積極的に評価された。

一方、マイナス面は日本の伝統や文化の無視である。その代表的な事例としては国立図書館が行政府ではなく立法府に置かれたこと、国立国会図書館法と図書館法の並立に見られる図書館法制上での欠陥・課題などが挙げられる。また、人事管理面では図書館の専門職であるを司書をプロフェッショナルとして処遇する伝統がなく、異動によって多くの職種を経験させ、これを目安にプロモーション（promotion 昇進）が行われる官公庁での伝統的なゼネラリスト中心の旧態依然とした人事管理のもとに送り込み、プロフェッショナルたるべき司書が冷遇されるという結果を招いた。これにより司書の処遇は低いままに留まり、図書館界では多くの有能な人材に活躍の場を与えることができず、日本の図書館の発展を妨げる要因となった。

次に占領軍による日本への米国型図書館の導入についての主な動きを取り上げ、その実態と影響について述べる。

†リベラル・デモクラシーの基盤としての公共図書館

戦後、占領軍は日本の図書館界に次のような考え方をもたらした。図書館、特に公共図書館は米国のような自由民主主義（Liberal Democracy）社会における健全な主権者（Informed citizen）が情報を入手するための手段・制度たるべきであるという理念が強調された。これは公共図書館が図書館の世界で基本的な役割を担うことを意味し、そのための司書の教育が主に公共図書館職員を想定したものとなってしまい、司書資格が公共図書館の専門職資格として扱われることにもつながった。

しかし公共図書館を日本の図書館という書籍公共圏の基盤に置くことは必ずしも、日本の書籍文化の伝統・歴史にはそぐわない。なぜなら日本の書籍公共圏の伝統は「文庫」にあり、その伝統をより色濃く引き継いでいるのは公共図書館ではなく、大学図書館や専門図書館（アーカイブス・文書館を含む）と言えるからである。文庫からの伝統を受け継ぐ図書館界の基盤に公共図書館が置かれたことで、すでにアーカイブスや古典籍主体の文書館、さらには書誌学系の理論分野などは図書館界との協調を見直したり、距離を置き始めたりしている。

現状においても国立図書館である国立国会図書館と公共図書館との関係が整合的ではなく、法制面でも図書館法では大学図書館や専門図書館は想定されていない。これについては前章でも詳しく述べた。

この問題の解決策として昭和四〇年代に文部省（当時）は学術情報センターを設置し、対応しようとしたが、これは後に国立情報学研究所（NII）に改組された。これは業務執行機関から研究機関への変更を目指しているかのようであるが、研究活動の成果とともに、学術情報センターが実現した日本の学術情報システムを基盤として、大学図書館等の情報提供サービスや情報検索サービス等のサービス提供業務についても業務成果の一層の向上が期待されていることを強調しておきたい。

ここで誤解のないように付言するが、筆者は何も「公共図書館は不要だ」「大学図書館を補完すべきだ」と言っているのではない。日本は太平洋戦争後に初めて民主主義体制になったのではない。日本の民主主義体制は大日本帝国憲法の時代から立憲民主主義体制を志向してきた。そこでは健全な主権者の育成の主流は学校制度に委ねられており、義務教育レベルでの学校教育を基盤としていた。その後も中等・高等の学校教育でも日本の民主主義体制の成熟への配慮はされており、公共図書館等での社会教育も期待されてはいたが、それは学校教育の補完的な役割に留まるとも言える。これは現憲法下においても変わらない。

要するに、日米では民主主義社会の主権者の育成についての基本的な考え方が異なる。つまりそれだけ、米国型の社会と日本では公共図書館の比重が異なるということである。それゆえ、図書館関係者がいくら公共図書館の重要性を説いても、日本の公共図書館は放置すれば「無料貸本屋」と化し、民間の貸本業を圧迫するだけでなく、他館種の図書館から出版業界までをも圧迫し、悪影響を与える存在となってしまう恐れがある。そのような社会構造・文化構造の中に図書館は置かれていることを理解して、日本の図書館制度のあり方を再考するべきである。

†パブリック・サービスの充実と重視

占領軍が日本の図書館界に与えたプラス面の一つが、図書館サービスにおける「利用者志向（user-oriented）」マインドの育成である。開架書架方式の採用により利用者は図書館蔵書のブラウジング（browsing 閲覧）が可能となり、図書館側では閲覧部門の省力化につながった。またレファレンス・サービスが重視され、図書館蔵書の検索結果についての利用者の満足度が高まり、図書館の認知度と信頼が高まった。

逐次刊行物や視聴覚資料類が重視された結果、図書館が提供する情報の鮮度や多様性が高まるとともに、従来、悪書の代表として蔵書構成の対象外とされてきた漫画やアニメーション作品が蔵書対象に組み込まれることにより新たな文化の紹介や利用者層の開拓が進み、図書館の世界も広がった。

パブリック・サービス（図書館の利用者向けの直接的なサービス）を充実させるために真面目な図書館利用者からの蔵書構築に関するリクエストを受け付けることは、図書館にとって大事なことである。しかし、前章でも述べたように新規の購入図書についての安易なリクエストの受付は資料購入費の無駄遣いにつながり、司書の選書権が侵害されるばかりでなく、出版業界からの「無料貸本屋」という非難にもつながる。

これを避けるため、利用者からのリクエストを安易に購入につなげるのではない、蔵書や選書のあり方の明確な方針が必要である。これはパブリック・サービスではなくテクニカル・サービスの仕事であるが、パブリック・サービス重視となった日本の図書館では十分に行われておらず、その結果、新規購入本がリクエスト本に偏りがちになっている。

近年、多くの公共図書館では図書館のサービスのみならず施設・設備も格段に改善されている。その結果、図書館は町おこしや地域おこしの拠点として人集めのできる施設となり、生涯学習の拠点となった。これは図書館の現場で地道に努力を重ねて来られた多くの司書の方々の努力の賜物であり、大いに敬意を表したい。

後述する佐賀県の武雄《たけお》市図書館が先鞭をつけたといわれる現代の図書館のあり方は、単に多くの人々が気軽に訪れることのできる場所から、さらなる進化を目指す図書館のモデルになっているのかもしれない。すでに多くの図書館で様々な実験的な試みがなされているが、関係者の一層の検討と努力を期待したい。

†CIE情報センター（図書館）の影響——専門図書館のサービス改革への貢献

占領期間中、全国二三都市に展開されたCIE図書館はそれぞれ極めて小規模であったにもかかわらず、職員や蔵書・情報が多様かつ魅力的であったため、多くの日本人利用者を引き付けた。CIE図書館に集った利用者は性別、年齢、職業も多様で、日本の専門図書館の格好のモデルとなった。

ところが、日本の専門図書館においては蔵書、レファレンス・サービスなどの情報サービスに関わる司書の専門性とその知的水準の問題が生じた。専門図書館の司書は蔵書についての専門的知識や主題領域の研究・調査能力を持っていることが大前提で、さらには図書館・文献管理の専門性を併せ持つことが求められた。業務面でも従来からの伝統的な図書館業務理論ではなく、主題専門知識の保有を前提に、ドクメンテーション(documentation 文献や資料・証拠書類などを管理・検索・提示する業務。文書化を含む)理論にその理論的な裏付けを求めることとなった。このことは図書館における情報サービス化の促進に影響し、貢献したと言える。

占領期に続く高度成長期には、主に営利企業が設置した企業内専門図書館が図書館界の牽引役となり、戦後日本の図書館界で主流となった利用者志向の図書館サービスの充実を目指した。二〇世紀後半の時点で情報の提供先は経営者、技術者・研究者、社外の利害関係者(ステークホルダー)などであり、専門図書館業務は狭義の図書館業務(関係資料の選定・受入、整理・組織化、検索・利用、保管・保存)に加え、技術安全保障を含む技術情報管理関連・広報(編集、映像の作成・処理、印刷・製本)等が行われていた。そこでは当然、保管・保存を重視する伝統的な理論よりも、利用者の検索に特化したドクメンテーションの理論が重視された。

その結果、メタデータ化する際も目録よりも検索のための索引・抄録を重視し、資料管理についても学習・研究のための閲覧や引用・参考としての利用よりも、公開資料の調査・分析結果の情報としての報告（インテリジェンス化）に重点が置かれた（「インテリジェンス化」とは情報管理過程での情報の付加価値化と考えてもよい。理解したい人はインテリジェンス論の入門書を参照されたい）。図書館は、図書館で付加価値を生み出した情報を意思決定者に提供することが求められる。単に受け入れた本を本のまま利用者に手渡すのではなく、目録や索引の作成、抄録化、解題作成、ダイジェスト化、分析、評価・編集、翻訳などによって付加価値を付けた情報の提供が求められている。

また対外広報においても、各社が自社の技術水準をアピールするためのハウス・オーガン誌（二〇世紀後半の時点では東芝の『東芝レビュー』、日立の『日立評論』、松下電工の『National Technical Report』など。松下電工のものはその後、『松下テクニカル・ジャーナル』を経て『パナソニック技報』となる）の編集・発行等も主要な業務に加えられていた。

しかし一九七〇年代の後半から八〇年代にかけてオイルショックやバブル経済の崩壊などで経営方針が変化し、減量経営となった。さらに平成二〇（二〇〇八）年九月のリーマン・ショック以後の経済的低迷期には間接部門の縮小、業務の外生化（外部委託化）等による運営経費削減が奨励され、企業内専門図書館は急速に縮小するのみならず、館数自体も大幅に減少した。その結果、二〇世紀末から日本における専門図書館の存在は希薄となり、影響力も弱まった。今後は営利事業体の専門図書館の活動から、公務・非営利事業体の専門図書館の活動が主となるであろう。

二〇世紀末にはすでに日本社会におけるデジタル化、ネットワーク化が大きく進展していた。デジタル・トランスフォーメーション（DX）下では、企業内図書館を伝統的な形式で再生することは合理的ではなく、むしろデジタル化されたデータベースを利用した付加価値のある情報サービスに特化するべきであろう。

二〇〇〇年代に入ると「情報安全保障」とも言うべき視点で、自社の工業所有権情報など経営戦略的に重要な技術情報の国内外競合企業への流出防止のための情報管理体制強化に関心が集まった。その影響もあり、専門図書館の一部門であるアーカイブス（文書館）整備への関心が高まり、公文書管理法など法的な環境整備が進んだ時期もあったが、これも平成二三（二〇一一）年三月の東日本大震災、その後の復興への国家的な取り組みと破損資料類の修復などの問題に関心が集中したことにより、問題意識は薄れた。再度の関心・注意の喚起が求められている。

3　図書館のあるべき姿を求めて

†無料貸本屋から「新しいライフスタイル実現の場」へ

　前章で述べたように戦後期の日本公共図書館をはじめとする図書館界のあり方に大きく影響したのが昭和三八（一九六三）年に日本図書館協会から発表された『中小都市における公共図書館の運営』（『中小レポート』）であった。薬師院《やくしいん》仁志《ひとし》によれば、このレポートの趣旨は「（本来中小レポートは――著者注）現行の図書館法が十全なものとは誰も考えない。問題点が山積されているといえる法律である。そこでこの法律の改正をどこから着手すべきかという問題に答える、出発点となる書であり、それはあるべき「ナショナル・プラン」を策定する第一歩だった」という（薬師院仁志・薬師院はるみ『公共図書館が消滅する日』牧野出版、二〇二〇年、二二三～二二四頁）。

　つまり中小都市、具体的には人口五～二〇万人都市の図書館は無料貸出に徹する。やがてその中小都市の図書館を補完する大都市の図書館、その大都市を補完する都道府県立の図書館ができ、さらにはその都道府県立を総合する国立の図書館ができて日本全国の図書館ネットワークが形成され、中小都市においても貸本屋のサービスとは異なる図書館サービスが展開できるという一種のナショナル・プランか、キーニー・プランのような構想を前提にしていたという。

しかし、実際にはそうはならなかった。その理由はおそらく複合的で簡略化することはできないであろうが、パブリック・サービスの第一線で直接利用者に接する業務（これを現場では「直接的な業務」と呼ぶ）に従事する人たちを中心として「（上からのナショナル・プランではなく）自分の理屈で考え、自分の足で歩むことが重要」との声が出てきたと言う。これは大変聞こえがよく正論中の正論ではあるが、彼らが働いていた図書館のその後のことを考えると、その言葉を額面通りに鵜呑みにはできない。

中小規模の図書館の職員が自助努力を重ねて図書館を維持しても、中央図書館制度が実現すれば天下りの人間がやってきて、自分たちのように丁稚奉公的な単純な業務からたたき上げ的に働いている者の将来がなくなる。彼らはそのことに気づくと自助努力を放棄し、安直な単純業務に終始し罷業《ひぎょう》・怠業を繰り返すようになった。天下りがなければ、単純な業務に就いていても公務員として年功序列の処遇を享受でき、将来は左うちわで安泰なのである。こうして図書館問題研究会（図問研《ともんけん》）の基本的な態度は「中央図書館制度反対！」「ナショナル・プラン反対！」一色となる。

当時の労働組合運動家の一部には既得権益擁護の考えが強く、単純労働者が苦労して能力開発を実現して専門職的な職能を発揮するよりも、単純職能のままで処遇の改善だけを要求し、その実現を図ることが労働者の利益にかなうという思想を持つ人たちもいた。図書館の現場労働者はその扇動に乗せられたとも言える。

その結果、図書館界はナショナル・プランの実現に向かわず、図書館を単純労働者でもいったん入職すれば、高度な能力を発揮して働かなくてもよい職場へと変化させ、図書館サービスにおいては単純で誰にでもできる図書の貸出手続き業務が重要となった。これにより、昭和二八(一九五三)年の時点で廿日出《はつかで》逸暁《いつあき》(一九〇一〜一九九一)がいみじくも見通していたように「今後の図書館は人的資源に於て、廃物活用場となる」というのが現実となってしまった(廿日出逸暁「図書館法は改正すべきか」『図書館雑誌』Vol. 47, No. 3、一九五三年、七〜九頁)。

それどころか最悪の事例としては、図書館があたかも廃物集積所のような様相を呈しているケースもあるという。これは誇張された噂であるのかもしれないが、当事者にとっては憂慮すべきことであり、関係する諸方面から図書館界の改革要求を求める声が出始めた。

先に挙げた薬師院は昭和五七(一九八二)年に全国貸本組連合会の役員から出た「目黒区の図書館では私たち貸本屋と大差ない本が貸し出されています。この図書館の近くで三〇年近く営業してきた店での貸本業を諦めました。(なにしろ)図書館は無料ですから……」という声を紹介している。これに対して目黒区立図書館側は「利用者のニーズに合わせただけ……」「小さな図書館はポピュラーなものを置かないと……客寄せができない……」などと主張したという。設置者側の目黒区の担当者は、公共図書館の使命感が著しく欠けた言辞を弄している。

ここからは、どうすれば蔵書の如何にかかわらずに利用者のニーズを創り出し、利用者を増やすことができるかを考えず、利用者の要求に機械的かつ奴隷的に従うという安直な姿勢が見て取れる。よって健全な主権者を養成するどころか、社会教育の実務担当者としての仕事の誇りもなく、地方公務員としての責任の発揮など望むべくもない。これでは、図書館業務は人間的に廃物でも執行可能な業務であると平然と公言していることになる。図書館現場の職員を責める前にまず、自治体の社会教育担当管理職クラスの認識を一新させる必要があるのではないだろうかと、薬師院の著書を読み暗然とさせられた。

†PFIと指定管理者制度——自助・自律的な図書館のあり方

日本の官立図書館といえば、実質的には立法府の国立国会図書館だけである。国立大学の図書館は国立大学がすでに法人化されているため、純然たる官立の組織とは言いがたい。

公立公共図書館の正職員は地方公務員であり、地方公務員・国家公務員はそれぞれに政治家と組んで行政を実行する。国家公務員の場合、政治家とは内閣閣僚や国会議員であり、地方公務員の場合は首長と地方議会議員である。公務員は行政サービスを通じて主権者とつながっている。

図書館法の不備、図書館の現場労働者の意識の低さ、現場管理者の公務員としての責任感の欠如などといった図書館業務の実態から改革の必要性が生じてきたが、これには大きな抵抗勢力があった。つまり先ほども触れた人事管理上の廃物処理問題である。

当局はこの問題を解決すべく施設と組織を一体化し、なおかつ関連の法整備の改変をも利用しようとしたと見られる。このアイデアは評価されたものの、折しも地方財政は一九九〇年代から急速に悪化していた。その状況下で財政的な課題を解決すべく、まず平成一一(一九九九)年に「民間資金等の活用による公共施設等の整備等の促進に関する法律」(以下、PFI法という)が施行された。

平成一五(二〇〇三)年には地方自治法が一部改正され、「公の施設」の指定管理者制度が創設された。ここに高度な専門的能力を有する人材を置き、公務員の伝統的な人事管理が実行されている職場においても専門的能力保持者を適切に処遇し、かつそれらの人材が自らの専門的能力や経験をより適切に発展させられる人事管理体制がつくられたということなる。これが公立図書館における指定管理者制度なのである。

これにより平成一六（二〇〇四）年には三重県桑名市立図書館がPFI法を適用した第一号として施設を新たにし、運営を図書館流通センター（TRC）に委託した。続く平成一七（二〇〇五）年には北九州市立図書館が公共図書館としては初めて指定管理者制度を導入し、図書館運営の改革に乗り出している。

こうして、法的に大きな制約があった日本の公立（公共）図書館は施設の改廃・運営についての自由度を得た。極論すれば住民や政治、行政の幹部が望むなら、民間の資金で公立図書館を建設し、民間の会社が運営することが可能になったということである。この自由度があれば、今後のデジタル環境下におけるデジタル・トランスフォーメーション（DX）への対応とそれによる飛躍が期待される。

†図書館空間の再検討と躍進――ライフスタイルの提案から自己確立の場へ

街の本屋がなくなった後の日本では一時期、CCC（カルチュア・コンビニエンス・クラブ）が手がける事業が書籍の公共圏に大きな影響を与えた。CCCは昭和五八（一九八三）年、大阪府枚方《ひらかた》市で創業され、書店・レンタルショップなどを手がけてきた。企業経営理念は「ライフスタイルの提案」で、平成二三（二〇一一）年に代官山にオープンした蔦屋《つたや》書店はファッショナブルな外観とゆとりのある空間、ユニークなコンセプトに基づく個性的な品揃えで大きな成功を収めた。

その経験を活かし、自治体とタッグを組んだのが佐賀県の武雄《たけお》市図書館である。従来の図書館ではその蔵書が知的主題に沿って分類され、分類番号順に本が並べられていたが、新たな図書館ではライフスタイルを切り口として分類・陳列を見直した。開館時間も二一時までに延長して年中無休とし、カフェ・スペースとしてスターバックス・コーヒーを併設した。雑誌はカフェで閲覧できるが、貸出はなく、販売のみに切り替えた。貸出システムはIT化し、利用者のセルフ方式に切り替えた。その結果、人口五万人の武雄市図書館で一年に九二万人が来館し、一年一カ月で来館者が一〇〇万人を超えた。これは大きく注目され、全国の公共図書館員がこぞって視察に訪れた。

また、神奈川県海老名市は平成二三（二〇一一）年から図書館二館の運営業務を図書館流通センターに委託した。平成二六（二〇一四）年からは指定管理者制度による運営を開始し、海老名市の図書館はCCCおよびTRCの共同事業となっている。

さらに神奈川県大和市では文化創造拠点「シリウス」を展開し、図書館と芸術文化ホール、生涯学習センター、屋内子供広場等を合体させた施設として、地域の文化興隆を目指している。福岡県行橋《ゆくはし》市では、「リブリオ行橋」が開設され、図書館を中心にした地域の文化交流を促進する市民の交流空間として、市民の教育、学術および文化の振興だけでなく、人の交流・往来を通じた市街地活性化も期待されている。

CCCが図書館事業に乗り出すにあたって、どこまで蔦屋重三郎を意識したかは定かでない。筆者が浅学にして知らないだけかもしれないが、屋号の「つたや」はかな・ローマ字に変えたもののしっかりと受け継いだし、大衆の意向を汲み上げてビジネスにつなげる姿勢も「新しいライフスタイルの提案」という路線の中で「快適な読書空間の提供」に生かされている。CCCは重三郎が目指した新たな大衆文化の創造にまで業務を拡大できるのか。これは今後の課題となるであろう。しかしCCCではもはや図書館への関心は薄れているようにも見える。新たなビジネスモデルにより、図書という切り口ではない他の側面からの新たなライフスタイルの創造を目指しているようにも思える。

ただ、全国の公共図書館にCCCの運営するTSUTAYA方式の図書館が与えたインパクトは非常に大きく、今後も利用者のライフスタイルに合わせた居心地のよい空間づくりを重視する傾向が続くことが予想される。CCCは図書館をライフスタイルの一場面を創り出す場として捉えたが、本書では図書館を書籍の公共圏（空間）として捉え、人々がその空間で自己の帰属する文明・文化に親しみ、アイデンティティーを確立し、多様な情報に触れることを理想とする。

この空間を合理的に調整・管轄するため、日本ではいわゆる書誌調整の手段が伝統的に用いられてきた。和書中心の書籍が充実したと考えられる江戸期後半から現在に至るまでの主な成果は『群書類従』『古事類苑』『国書総目録』と続いている。『国書総目録』の刊行は昭和三八（一九六三）〜昭和四七（一九七二）年で、採録対象は慶応三（一八六七）年までの著述・編纂・翻訳本である。今やこの後続を考える時期に来ていると思われるが、その声を寡聞にして聞かないのは残念である。

†デジタル社会における図書館の意義

デジタル社会においては図書館も変化していかざるを得ない。図書館の使命は終わったという説もあるが、情報さえ届けば印刷物は不要なのか。そしてCCCが提案するように、来館者にとって居心地のよい空間をつくるだけでよいのか。

将来においても古典の世界は重要であろう。デジタル化以前に成立した古典は、日本のみならず世界でも多数存在する。古典を読み、歴史史料を見ることで学習し、自己のアイデンティティーを認識することも少なからずあるはずである。文化、ならびにその文化の総体としての文明を具現化している書籍、そしてその総体としての図書館蔵書は、少なくとも世界の八大文明の一つを形成する日本文明圏において、今後相当の期間はなくならないと断言できる。

奈良時代末期、石上宅嗣《いそのかみのやかつぐ》によって平城京に設置された芸亭《うんてい》から数えると日本の図書館には一三〇〇年以上の歴史があり、そこには「草の本」、つまりポップ・カルチャーを扱った本屋・貸本屋の伝統を部分的に受け継ぐ公共図書館のみならず、「物の本」つまり「文庫」の伝統を受け継ぐ専門・研究図書館も含まれる。二一世紀に入り、SNSやTwitter等の個人的な情報発信が急増し、それと並行するようにマスメディアの偏向報道の度合いが高まり、フェイク・ニュースも急増するという情報環境となった。この環境下で、健全な主権者のみならず地域住民から、正偽とり混ぜての情報の洪水の中で真実・事実の情報への欲求が高まることは間違いない。図書館はこれらの人々の期待に応えるべきであろう。

今後、デジタル技術を適用することにより図書館はさらに居心地よく、なおかつ充実した調査・研究空間、情報空間となり得るであろうし、そうでなければならない。デジタル時代の図書館はいかなる制度・形式を持つべきか。本書が読者にとって、それについて真剣に考えていただくきっかけとなれば幸いである。

†図書館は文化の礎、司書は知の伴走者

前章までで述べたように我が国の書籍類、記録物は日本文化の基盤を形成するとともに

各時代の技術、経済、社会等の影響を受けながら保存・継承され、今日我々が利用できる日本文明の情報源となっているが、我々はこれらの貴重な資料を将来の世代に可能な限り伝承していく必要がある。

人類の文化・文明は各時代が生み出す知的・文化的な成果の上に成立しており、その規模の大きさに価値がある。現存する書籍や記録物を未来に向けて引き継いでいくことは、現代の我々が持つ次世代の人々に対する責務であるが、これは極めて難しい。古来、多くの人が芸術・文化、知的情報等の永続的文化・文明の伝承のために尽くしてきたが、多くの天災や人災、事故、さらには紙の劣化（slow fire）等に代表される自然の経時的な劣化作用などにより失われたものも多く、今に伝わっていない記録類、資料類はおびただしい数に及ぶ。それらのいくつかが現代に残されていれば、現在の文化や文明が今とは違ったかたちになっていたかもしれない。

二一世紀に入り、すでに二〇年以上の時が流れた現在において、二〇世紀後半に始まった情報通信分野の技術革新はいまだに道半ばで、コンピュータ革命およびデジタル技術革新も続いている。また、令和元（二〇一九）年一二月に中国の武漢《ぶかん》市で第一例目の感染者が報告されてからわずか数カ月ほどの間に世界中で感染が拡大した新型コロナウイルスも、いまだ終息には至っていない。さらには令和四（二〇二二）年二月、ロシアのプーチン政権はウクライナに対して一九世紀帝国主義型の侵略戦争を仕掛け、人類文化の時計を一気に二〇〇年も引き戻した。

新型コロナウイルスの世界的蔓延が収束に向かい、戦争が終わり、デジタル技術が日常生活の中でごく当たり前のものとなったとき、日本のみならず世界の情勢・言論空間は今とは大きく変わっているだろう。その具体的な内容は知るよしもないが、どのように変化しようと、知的な情報を管理する図書館に関わる人たちが持ち続けるべき信念・理念は変わることはないと信じ、本書を閉じることにしたい。そして次の言葉を図書館に関わる人々に贈りたい。

我々、図書館や記録物の管理に関わる者の目的は図書館の高度化で、それを文化的な活動の中核に据えることである。図書館に集まった「知」はその利用者によって具現化・汎用化され、増幅していく。知は国家の礎《いしずえ》であり、図書館もまた文化的な国家の礎である。知は結合・融合し、進化を続ける。その中心にあるのはほかならぬ図書館である。図書館を活性化するには人の頭脳が必要であり、よき学習者・研究者を育てるには有能な伴走者が必要である。その伴走者の役割を担う者こそ、図書館の司書でなければならない。

あとがき

　大陸の武漢から始まった新型コロナウイルス感染症が蔓延して以来、世間ではこの感染症の騒動が沈静化すれば社会が変わるとの俗説が飛び交った。さらにロシアがウクライナへ武力侵攻し、ウクライナ戦争が始まったことにより、今後の社会の変化が確定的となったようだ。どう社会は変わるのであろうか。そのような環境下で本書を執筆することになった。そこで、本書の執筆動機について少し述べさせていただく。

　筆者の専門は図書館の経営であって、歴史は門外漢である。もう二〇年近く前に、図書館経営の教育という大学での現役の仕事を辞める頃から急速に、歴史問題へと関心が向かった。日頃接していた学生のみならず、国の高級官僚や識者、図書館現場の職員に至るまで多くの人たちが、日本の文化を支え、日本文化の礎でもある日本の図書館に誇りを持っていない。それどころかむしろ、日本の図書館は遅れている、劣っていると感じている人が多いということに気づき、驚いた。それはなぜかと問えば「大東亜戦敗戦以前の日本はろくな国ではなかったし、明治維新以前の日本は鎖国し、世界の最新文明から決定的に後れを取っていたから」という声が少なからず返ってきた。本当にそうであろうか。

筆者が学生・生徒であった時代からそのような説は学校の先生からも、あるいはその他の各種のメディアを通じても聞かされてはいたが、親や祖父母の世代、要するに明治・大正期にしっかりと教育を受けた世代の人たちからは、そうではないという声も聞いた。そのため、何よりも自分自身で考えるべきだと思った。

筆者にとって人生最初の記憶は戦争末期の空襲避難であり、空襲後の焼け跡・廃墟と飢餓である。そこから日本は復興して高度成長への道をたどり、世界第二位の経済大国にまで上り詰める。筆者は輝かしい高度経済成長期の日本を目の当たりにしているが、占領下で教育を受け、コミンテルンや毛沢東思想の信奉者に使嗾された者が多い団塊の世代が社会の第一線の指導権を握ると、日本の国力は急速に低下した。

その理由は単純ではなかろうが、ひとつ言えるのは、団塊の世代の受けた教育に問題があったということである。そのうち最大のものは、日本人としての歴史認識や自己認識の歪み、アイデンティティーの欠如ではあるまいか。この内容豊かな日本文化を無視して、日本人としての自己認識はできないし、虚偽の歴史認識では正しい将来への展望は開けない。

図書館は知的精神的文化と密接に関連している。そこで、日本における図書館の発展の跡をたどることで、日本の文化や歴史の概要を把握するために僭越にも入門書となる書を執筆しようとした。本書には不適任とも言える者が過大な目標を掲げた大それた試みであることは承知の上であるが、あえてそのような大それたことをするのは、本書に刺激された適任者による、より精細な適書が速やかに出現することを願っているからである。

そのため本書では図書館について論ずるにあたり、図書館界の内部の諸問題だけでなく、図書・出版・印刷はもとよりコンテンツとしての文学をはじめとする諸学術・芸術分野、その保護や庇護に関与した人物などを幅広く視野に収める必要があると考えた。それらの歴史の累積が現代の文化に凝集・集積しているとの観点から、各時代の記述を等分には扱わず、文字の伝来から営利出版業の確立までの歴史（古代～近世）を第一～三章にまとめた。

日本人は漢字という、日本文化とはまったく異質な漢文化の表記文字である漢字を移入し、この漢字を利用することで日本文化を守り、使いやすくするため悪戦苦闘し、漢字の利用の仕方、読み方、判読の仕方のみならず、そこからまったく異質な「仮名」文字を生み出し、日本文化の書記化を日本文化に適切な形で完成させるという偉業を達成した。その結果、平安時代に国風文化が豪華絢爛に咲き誇る。

本書の後半部分では幕末から二〇世紀の終わりまでを第四章・第五章にまとめ、第六章ではデジタル化に伴う技術革新により変化するであろう、情報環境に影響される図書館の課題の若干についてまとめた。特に第四章は、鎖国体制の中で帝国主義的な体制をとる西欧列強諸国に対し、立ち遅れた日本がどのようにそれらの列強に短時間に追いつくことができたのかという疑問への答えとなっている。その理由は残念ながら、図書館が有効に機能したからではなく、江戸幕藩体制下での教育の高度な発展にあり、これが短い時間で西欧列強諸国に追いつくことを可能にしたと思われる。

その後、満州国における権益をめぐる争いに端を発して日米の関係が悪化し、太平洋戦争が始まる。戦後、米軍の日本占領統治が始まり、米軍は日本を自由民主主義化するべく公共図書館の強化・育成を試みたがこれは失敗する。しかし、日本図書館学校が設立され、国際水準での図書館専門職が育成されることにより、デジタル化時代において情報管理体制の基盤を築くことが可能となった。

筆者の浅学菲才のゆえに、また新書という形態の紙幅の関係上、必要と思いながらも言及できなかったテーマも少なくないし、書き落としている課題もあろう。それでも一通り、筆者なりの図書館についての総括はしたつもりである。そのことを前提としてお読みいただければ幸いである。

本書刊行までには多くの方々のお世話になった。本書の構想について筑摩書房につないでくださったのは(株)図書館流通センター(TRC)の谷一文子《たにいちあやこ》社長である。本書の構想はもともと、谷一社長の前任者である石井昭元社長との話から始まったが、愚鈍な後期高齢者では適時・適切な執筆ができず、ご在任中の刊行は叶わなかった。

そのような執筆者の乱雑で、論述的というよりも気ままで知的散策的な文章をしっかりとした新書用の文章に練り上げてくださったフリーライターの内田雅子さんと筑摩書房編集部の松田健さんに厚く感謝の気持ちを表したい。また、遅くなり過ぎた刊行を前TRC社長の石井昭氏に深くお詫び申し上げる。

また毎度のことながら、執筆のたびに家事を一切放り出し、家族の一員たる責任を放棄して、執筆に専念させてくれた妻と娘たちにも感謝の意を表したい。

主要参考文献

青柳武彦『日本人を精神的武装解除するためにアメリカがねじ曲げた日本の歴史』ハート出版、二〇一七年
阿部弘蔵「浅草文庫」『学鐙』第七年第一一号、一九〇三年
網野善彦『日本社会の歴史（中）』岩波新書、一九九七年
網野善彦『日本の歴史をよみなおす（全）』ちくま学芸文庫、二〇〇五年
家永三郎『日本文化史 第二版』岩波新書、一九八二年
石井進『日本の歴史7 鎌倉幕府』中公文庫、二〇〇四年
石山洋『源流から辿る近代図書館――日本図書館史話』日外アソシエーツ、二〇一五年
井上宗雄他編『日本古典籍書誌学事典』岩波書店、一九九九年
入間田宣夫『集英社版日本の歴史7 武者の世に』集英社、一九九一年
岩猿敏生『日本図書館史概説』日外アソシエーツ、二〇〇七年
江藤淳『閉された言語空間――占領軍の検閲と戦後日本』文春文庫、一九九四年
大隅和雄「愚管抄」『朝日百科日本の歴史4 中世Ⅰ』朝日新聞社、一九八九年
大友優香「仙台藩青柳館文庫の成立・運営と利用」『国史談話会雑誌』Vol. 52、二〇一二年
小野則秋『日本図書館史』蘭書房、一九五二年
小野則秋『改訂新版日本文庫史研究』上下巻、臨川書店、一九七九年
川瀬一馬『入門講話日本出版文化史』日本エディタースクール出版部、一九八三年
ロバート・L・ギトラー「日本図書館学事始め」『ライブラリアンズフォーラム』一巻三号、日本ファクソン、一九八四年
國雄行『佐野常民』佐賀県立佐賀城本丸歴史館、二〇一三年

熊田淳美『三大編纂物　群書類従・古事類苑・国書総目録の出版文化史』勉誠出版、二〇〇九年
小泉保『縄文語の発見』青土社、一九九八年
小出いずみ『日米交流史の中の福田なをみ――「外国研究」とライブラリアン』勉誠出版、二〇二二年
国立公文書館編『内閣文庫百年史』国立公文書館、一九八五年
今まど子・高山正也編著『現代日本の図書館構想』勉誠出版、二〇一三年
菅原正子『日本中世の学問と教育』同成社、二〇一四年
関秀夫『博物館の誕生』岩波新書、二〇〇五年
高山正也監修『文書と記録――日本のレコード・マネジメントとアーカイブズへの道』樹村房、二〇一八年
高山正也『歴史に見る日本の図書館――知的精華の受容と伝承』勁草書房、二〇一六年
竹林熊彦「東京書籍館と浅草文庫」『図書館研究』Vol. 7, No. 1、一九三四年
武光誠『律令制成立過程の研究』雄山閣出版、一九九八年
佃一可編『図書・図書館史』樹村房、二〇一二年
長澤孝三『幕府のふみくら』吉川弘文館、二〇一二年
長友千代治『近世貸本屋の研究』東京堂出版、一九八二年
西尾幹二著・新しい歴史教科書をつくる会編『国民の歴史』産経新聞ニュースサービス、一九九九年
日本図書館協会編『近代日本図書館の歩み――日本図書館協会創立百年記念〈本篇〉』日本図書館協会、一九九三年
橋口侯之介『和本への招待――日本人と書物の歴史』角川学芸出版、二〇一一年
橋本孝「回想七十年」『哲學』第四六集（橋本孝先生古希記念論文集）、一九六五年
畑野勇『近代日本の軍産学複合体』創文社、二〇〇五年
廿日出逸暁「図書館法は改正すべきか」『図書館雑誌』Vol. 47, No. 3、一九五三年
マイケル・K・バックランド『イデオロギーと図書館』高山正也監訳、現代図書館史研究会訳、樹村房、二〇二一年
マイケル・K・バックランド『図書館サービスの再構築――電子メディア時代へ向けての提言』高山正也・桂啓壮訳、

勁草書房、一九九四年
原田正俊「中世における禅宗の展開と地域社会」『歴史と地理』六二七号、山川出版社、二〇〇九年九月
サミュエル・ハンチントン『文明の衝突』上下巻、鈴木主税訳、集英社文庫、二〇一七年
百田尚樹『日本国紀』幻冬舎、二〇一八年
福澤諭吉『西洋事情』慶應義塾大学出版会、二〇〇九年
松本克己「日本語系統論の見直し——マクロの歴史言語学からの提言」『日本語論』Vol. 2, No. 11、一九九四年一月号
村井章介「国際社会としての中世禅林」『アジア理解講座4　日韓中の交流』山川出版社、二〇〇四年
森潤三郎『紅葉山文庫と書物奉行』昭和書房、一九三三年
文部省『学制百二十年史』ぎょうせい、一九九二年
薬師院仁志・薬師院はるみ『公共図書館が消滅する日』牧野出版、二〇二〇年
山田恵吾編著『日本の教育文化史を学ぶ——時代・生活・学校』ミネルヴァ書房、二〇一四年
山本吉左右「平家物語——中世世界の発見」野上毅編『朝日百科日本の歴史4　中世I』朝日新聞社、一九八九年
吉田精一「鎌倉時代と文学」『日本歴史シリーズ6　鎌倉武士』世界文化社、一九七一年
リチャード・ルビンジャー『日本人のリテラシー——1600-1900年』川村肇訳、柏書房、二〇〇八年
脇田修・岸田知子『懐徳堂とその人びと』大阪大学出版会、一九九七年
「小林胖君略歴」『Library and Information Science』No. 18、一九八〇年
「座談　大学図書館の近代化について」『三田評論』第六〇二号、一九六二年
『中小都市における公共図書館の運営』日本図書館協会、一九六三年
『別冊環15　図書館・アーカイブズとは何か』藤原書店、二〇〇八年

人名索引

あ行

青木文蔵敦書（昆陽） 131
青柳武彦 294
青柳文蔵 139
赤染衛門 47
阿佐井野宗瑞 95
阿佐井野宗仲 95
阿佐井野宗禎 95
足利尊氏 79
足利直義 79, 82
足利基氏 89
足利義満 79
阿部弘蔵 91, 294
天土春樹 238
網野善彦 67, 71, 294
雨富須賀一 126
新井白石 136
荒木田久老 141
荒木田久守 141
有山崧 196, 253, 254
在原業平 43
アルフレート（ザクセン＝コーブルク・ゴータ公） 174
安徳天皇 62
家永三郎 67, 73, 294
池田光政 113
石井進 69, 294
石部了冊 96, 100
石山洋 195, 196, 294
和泉式部 44, 47
伊勢大輔 47
石上宅嗣 36–38, 54, 56, 58, 286
市古貞次 191
一条天皇 47
一山一寧 70–72
一遍 68, 69
伊東玄朴 120, 161, 163
伊藤仁斎 142
伊藤博文 88, 165
井上宗雄 47, 294
伊能忠敬 133, 134
猪瀬博 260
井原西鶴 101, 105, 111
今井宗久 94
今沢慈海 181, 195
入間田宣夫 72, 73, 294
岩倉具視 164, 165, 175
岩猿敏生 26, 57, 63, 81, 82, 84, 85, 93, 95, 238, 294
ウィグモア，ジョン・ヘンリー 164
ウィリアムズ，ジャスティン 234
ウィロビー，チャールズ 226
上杉憲実 85, 86, 89
上田秋成 104
ヴォルテール（フランソワ＝マリー・アルエ） 187
潮田江次 248
菟道稚郎子 25
歌川広重 125
卜部兼好 75, 76
卜部兼方 74
栄西 60, 69, 70, 81
栄松斎長喜 125
江川英龍（太郎左衛門） 158
江藤淳 210, 214, 294
衞藤瀋吉 200
衞藤利夫 184, 200
恵美押勝 37
エリオット，チャールズ・W 164
円爾（聖一国師） 70, 72
応神天皇 25
欧陽脩 41
大隈重信 159
凡河内躬恒 43
大隅和雄 75, 294
大友優香 139, 294
岡田寒泉 120
緒方洪庵 161, 163
尾形光琳 111
荻生徂徠 116, 142
尾崎雅嘉 190
小田泰正 238
オトレ，ポール 243
小野妹子 34
小野則秋 25, 33, 36, 40, 50, 52–57, 80, 168, 180, 195, 294

か行

懐鑑　81
快元　89, 90
貝原益軒　119
荷田春満　142
勝海舟（麟太郎）　141, 160
金森徳次郎　207, 231, 234
亀山上皇　70
鴨長明　75
賀茂真淵　126, 142, 143
賀陽豊年　38, 39
川瀬一馬　95, 294
川村肇　64, 296
関山慧玄　70
鑑真　67
樺美智子　215
桓武天皇　39
キーニー，フィリップ　14, 19, 216, 223-227, 278
菊池寛　153
菊池誠　217, 218
岸田知子　117, 296
岸本英夫　246
木曽義仲→源義仲
喜多川歌麿　124, 125
義堂周信　79
木戸孝允　176
ギトラー，ロバート　206, 216, 227, 245, 247, 248, 250, 251, 294
紀貫之　43, 44, 51
紀友則　43
吉備真備　53, 54
木村蒹葭堂（坪井屋吉右衛門）　122-124
ギャンブル，ウィリアム　150
九華　90
清岡暎一　247
曲亭馬琴　104, 105, 125, 181
清原俊蔭　44
勤子内親王　45
空海（弘法大師）　39-41, 54, 57
草間直方　116
九条兼実　67, 74
九条道家　70
國雄行　158, 294
熊田淳美　127, 188, 189, 191, 295
クラップ，ヴァーナー・ウォーレン　15, 199, 234
クルーゼンシュテルン，アーダム・ヨハン・フォン　133
黒板勝美　74
黒澤貞次郎　183
桑原蓼軒　37
渓斎英泉　125
契沖　119, 142, 143
ゲスナー，コンラート　186
ケネー，フランソワ　187
玄恵　72
源空→法然
小泉保　24, 295
後一条天皇　46
小出いずみ　231, 232, 239, 295
五井蘭洲　116
光源　95
孔子　90, 92, 109
幸島宗意　190
光仁天皇　37
鴻池又四郎　115
弘法大師→空海
河本一阿　138
河本巣居　138
河本立軒　138
コーリー，ジョン・マッケンジー　237
虎関師錬　71
胡元質　89
胡曽　89
後醍醐天皇　68, 72, 79
五代友厚　173
兀庵普寧　64
後藤純郎　238
後鳥羽上皇　73
小林胖　251, 252, 296
後陽成天皇　106
近藤重蔵（守重）　131, 132, 134
近藤富蔵　132
近藤真琴　156, 163
コンドルセ，ニコラ・ド　187
今まど子　295

さ行

西行　75

最澄　41, 57
嵯峨天皇　39
坂西志保　232
佐藤信淵　141
佐野常民　158, 294
ザビエル，フランシスコ　90
佐村八郎　189, 190
澤本孝久　238, 250, 251
三条実美　176
山東京伝　103, 104, 124, 125
三要　91
シーボルト，フィリップ・フランツ・フォン　133
慈円　74-76
シガー，ガストン　238
式亭三馬　103
竺仙梵僊　71
十返舎一九　103, 125
幣原喜重郎　240
信濃前司行長　76
柴野栗山　120
渋川景佑　133
渋川春海（安井算哲）　119
清水正三　238
下河辺長流　119
宗峰妙超（大燈国師）　70
朱熹　72
春屋妙葩　79, 81, 82, 92
俊芿　72
聖一国師→円爾
上東門院→藤原彰子
聖徳太子　26, 29, 34
称徳天皇　37
神武天皇　77
親鸞　60, 68, 80
推古天皇　33, 34
菅原清公　39
菅原是善　56
菅原孝標女　44
菅原道真　39, 56, 58
菅原正子　65, 295
鈴木主税　296
鈴木平八郎　238
スミス，ジョゼフ　247
角倉素庵　61, 82
角倉了以　61, 82
住吉具慶　111
清少納言　45, 47
関孝和　119
関秀夫　173, 174, 295
関平三郎正成　129
雪村友梅　71
仙覚　74
千利休　93, 94, 96

た行

ダイアー，ヘンリー　165, 246
大休正念　64
大黒屋太郎右衛門　166
醍醐天皇　43, 45
大燈国師→宗峰妙超
大日房能忍　69, 81
太伯（呉）　118
平清盛　62, 77
平重衡　58
平徳子　62
ダウンズ，ロバート・B　227, 231, 233, 245, 246
高倉天皇　62
高橋景保（作左衛門）　132-134
高橋至時　132-134
高峰譲吉　165
宅間太兵衛　166
竹川竹斎　140, 141
竹口信義　141
武野紹鷗　94
竹林熊彦　169, 171, 295
武光誠　30, 295
田崎草雲　92
辰野金吾　166
田中稲城　176-179, 194
田中不二麿　174-176, 189
田沼意次　125, 149
為永春水　103
ダランベール，ジャン・ル・ロン　187
俵屋宗達　82
チェニー，フランシス・ニール　237
近松門左衛門　101, 111
中巌円月　72
佃一可　295
津田宗及　94
蔦屋重三郎　99, 102, 104, 124, 125, 153,

284
津田良成　251, 252
土橋友直　114, 115
土御門通親　71
堤精二　191
坪井屋吉右衛門→木村蒹葭堂
ディドロ，ドゥニ　187
徹通義介　81
デューイ，メルヴィル　183, 244
天智天皇　35
道鏡　37
道元　60, 71, 81
東洲斎写楽　124, 125
道祐　95
徳川家綱　118
徳川家斉　132
徳川家治　130
徳川家光　109, 118, 129
徳川家康　85, 91, 95, 106, 107, 128, 134, 135
徳川綱吉　109, 130
徳川光圀　118, 136
徳川義直　135
徳川吉宗　91, 99, 115, 119, 129–131, 156
徳川頼貞　136
徳川頼倫　135
土佐光起　111
戸塚静海　120
富永仲基　116
富永芳春（道明寺屋吉左衛門）　115
豊臣秀次　90
豊臣秀吉　90, 95, 106
鳥居清長　125
鳥居清信　111
トルーマン，ハリー・S　233
ドロッパーズ，ギャレット　164

な行

中井碩果　117
中井竹山　116, 117
中井木菟麻呂（天生）　117
中井桐園　117
中井正一　206–208, 231
長澤孝三　295
中田邦造　195–197, 253
長友千代治　105, 295
中村嘉寿　205, 206, 234, 250
中村初雄　205, 250
中村正直　156, 159
中山忠親　77
西尾加衛門正保　129
西尾幹二　28, 30, 295
西村茂樹　189
西村天囚（時彦）　117
西村広美　141
日蓮　60, 66, 79, 80
如浄　71
仁徳天皇　25
仁明天皇　77
野上毅　77, 296
乗杉嘉壽　179, 196

は行

バーネット，ポール・J　216
萩原宗固　126
橋口侯之介　45, 295
橋本孝　248–251, 253, 295
畑野勇　159, 295
波多野義重　71
廿日出逸暁　279, 295
バックランド，マイケル・K　216, 225, 227, 295
英一蝶　111
塙忠韶　128
塙忠宝　128
塙保己一　85, 97, 98, 126–128, 143, 148, 185, 186, 188, 241
羽仁五郎　205–207, 234, 253, 254
羽仁説子　206
早川正紀　113, 114
林鵞峰（春斎）　118, 190
林述斎　120
林鳳岡（信篤）　109
林政雄　238
林羅山　107, 109, 111, 118
原田正俊　71, 296
ハンチントン，サミュエル　32, 266, 296
ハント，ハンナ　251
伴信友　143
菱川師宣　111

媞子内親王　47
備前屋吉兵衛　115
百田尚樹　296
平田篤胤　143
ファーズ，チャールズ・バートン　234, 237, 238
プーチン，ウラジーミル　287
福澤諭吉　148, 151, 156, 164, 169–171, 247, 296
福田錠二　232
福田なをみ　230–241, 295
福田紀子　232
福田理軒　156
藤川正信　250, 251
藤田三郎　73
藤原惺窩　82
藤原威子　46
藤原兼家　44
藤原公任　43
藤原薬子　39
藤原定家　45, 48–50, 62, 75, 76, 137, 265
藤原実資　44
藤原彰子（上東門院）　47
藤原佐世　34, 185
藤原忠通　56
藤原田麻呂　37
藤原定子　45, 47
藤原俊成　49
藤原長家　49
藤原永手　37
藤原仲麻呂　37
藤原道綱母　44
藤原道長　44, 46, 47, 49, 56
藤原武智麿　53
藤原頼嗣　63
藤原頼経　63
藤原頼長　56, 57
舟橋屋四郎右衛門　115
ブラウン，チャールズ・ハーヴェイ　199, 234
ブラウン，ドン　238
フリック，バーサ　206, 250
フルベッキ，グイード・F　162
平城天皇　39
ヘボン，ジェームズ・カーティス　141
ペリー，マシュー　160
北条顕時　85
北条氏政　90
北条貞顕　85, 86
北条貞時　70
北条貞将　85
北条（金沢）実時　73, 85
北条重時　73
北条時宗　61, 63, 64, 70
北条時頼　60, 64, 70
朋誠堂喜三二（平沢常富）　124
法然（源空）　60, 67, 68, 80
本阿弥光悦　82
ポンペ・ファン・メーデルフォールト，ヨハネス　161

ま行

前川恒雄　254
牧野伸顕　178
増山雪斎（正賢）　123
町田久成　172–176
松尾芭蕉　101, 111
マッカーサー，ダグラス　199
松平定信　119, 125, 132
松平乗尹　126
松本克己　23, 296
松本喜一　194–196
松本良順　161
間宮不二雄　182–184, 241
マルクス，カール　191
三雲内記成賢　129
水野忠邦　121
ミッチェル，シドニー・B　216, 256
三星屋武右衛門　115
源実朝　62, 75
源順　45
源為朝　76
源親行　74
源光行　74
源（木曽）義仲　77
源義平　76
源頼家　70
源頼朝　62, 63
源頼政　74
壬生忠岑　43
三宅春楼　116

三宅石庵　115, 116
宮崎有成　114
三善康信　63
無学祖元　61, 64, 70, 81
無関普門　70
夢窓疎石　79, 81, 82
宗尊親王　74
村井章介　71, 296
村上英俊　156
紫式部　44, 47
村島靖雄　194
村田春海　143
毛利高標　137
毛利高翰　137
本居宣長　141-143, 188
本木昌造　150, 152
森清　184
守邦親王　68
森潤三郎　296
森末義彰　191
護良親王　68

や行

薬師院はるみ　277, 296
薬師院仁志　277, 279, 280, 296
安井算哲→渋川春海
山岡浚明　126
山片蟠桃　116
山田恵吾　64, 296
山田孝雄　143
山本吉左右　77, 296
雄略天皇　26
煬帝（隋）　26
吉田精一　75, 296
吉田光由　119

ら行

ラ・フォンテーヌ，アンリ・マリー　243
蘭渓道隆　61, 64, 70, 81
李翰　89
リスカム，ウィリアム　164
李暹　89
ルソー，ジャン＝ジャック　187
ルビンジャー，リチャード　64, 296
レザノフ，ニコライ　120, 133
ロックフェラー三世，ジョン　233

わ行

脇田修　117, 296
分部光寧　132
渡辺茂男　251
和田万吉　180-182, 195
王仁　25

ちくま新書
1682

図書館《としょかん》の日本文化史《にほんぶんかし》

二〇二二年九月一〇日 第一刷発行

著者 高山正也（たかやま・まさや）

発行者 喜入冬子

発行所 株式会社 筑摩書房
東京都台東区蔵前二-五-三 郵便番号一一一-八七五五
電話番号〇三-五六八七-二六〇一（代表）

装幀者 間村俊一

印刷・製本 株式会社 精興社

ISBN978-4-480-07508-6 C0200

ちくま新書

1051
つながる図書館
――コミュニティの核をめざす試み
猪谷千香
公共図書館の様々な取組み。ビジネス支援から町民の手作り図書館、建物の外へ概念を広げる試み……数々の現場を取材すると同時に、今後のありかたを探る。

486
図書館に訊け！
井上真琴
図書館は研究、調査、執筆に携わる人々の「駆け込み寺」である！　調べ方の超基本から「奥の手」まで、カリスマ図書館員があなただけに教えます。

1333-5
格差社会を生き抜く読書
【シリーズ ケアを考える】
佐藤優
池上和子
波瀾万丈な人生を歩んできた佐藤氏と、貧困の現実に詳しい臨床心理士の池上氏が、格差社会のリアルを語る。危機の時代を生き抜くための読書案内。

1347
太平洋戦争　日本語諜報戦
――言語官の活躍と試練
武田珂代子
太平洋戦争で活躍した連合国軍の言語官。収容所から集められた日系二世の葛藤、養成の違いに見る米英豪加の各国軍事情……。語学兵の実像と諜報戦の舞台裏。

1249
日本語全史
沖森卓也
古代から現代まで、日本語の移り変わりをたどり全史を解き明かすはじめての新書。時代ごとの文字・音韻・語彙・文法の変遷から、日本語の起源の姿が見えてくる。

1626
日本語の起源
――ヤマトコトバをめぐる語源学
近藤健二
日本語の起源は古代中国語にあった。古代中国語音と古代日本語（ヤマトコトバ）の音の対応を数多くの実例に基づき検証。日本語の古層をめぐる新説を提唱する。

1099
日本思想全史
清水正之
外来の宗教や哲学を受け入れ続けてきた日本人。その根底に流れる思想とは何か。古代から現代まで、この国のものの考え方のすべてがわかる、初めての本格的通史。